어휘천재의 비법노트

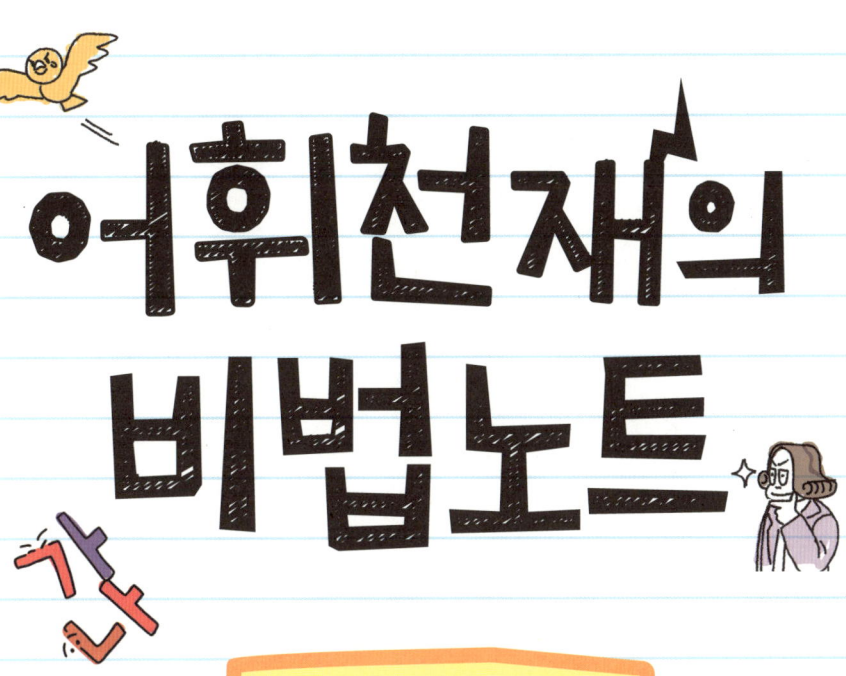

어휘천재의 비법노트

1단계

강영미 김경란 서태진 장지혜 지음

우리학교

어휘와 친해지는 가장 완벽한 방법

안녕?

지금부터 너에게만 내 어휘 비법노트를 보여 줄게. 아참, 내가 누구냐고? 내 입으로 말하기는 좀 쑥스럽지만 사람들은 나를 천재라고 불러. 특히 어휘를 아주 잘 알아서 '어휘천재'라는 소리를 많이 듣지.

이 비법노트가 정말 끝내주는 건 가나다 순서가 아니라 의미 중심 연관어로 공부할 수 있다는 거야. 『어휘천재의 비법노트 : 1단계』에서는 우리 몸, 그리고 여러 감각기관과 연관된 필수 어휘 120개를 공부할 거야. 어떻게 공부하냐고? 먼저 필수 어휘를 넣어서 우리 주변에 있을 법한 이야기를 만들어 각 장의 앞에 넣었어. 그림으로 어휘의 뜻을 짐작해 볼 수 있게 하고, 필수 어휘의 뜻풀이를 설명했지. 함께 알아 두면 좋을 관련 어휘도 넣었어. 마지막에는 어휘력을 점검할 수 있게 퀴즈를 풀면 끝! 어때, 재미있을 것 같지 않니?

비법노트 활용법!

- 반드시 알아야 할 어휘는 파란색으로 표시했어.
- 필수 어휘의 유래나 관련 설명은 큰 상자 안에, 발음이나 맞춤법과 관련한 내용은 작은 상자 안에 넣었어.
- 또 관용어와 속담, 일상에서 자주 쓰는 말은 보라색으로, 예문은 주황색 글씨로 표시했어.
- 알아 두면 좋은 어휘의 뜻이나 강조할 내용은 노란색 형광펜으로 덧칠했어.
- 중요한 어휘를 시각적으로 보여 주기 위해 재치 있는 그림도 그려 보았지.

만약 그동안 책이나 텔레비전에서 본 어휘를 이해하기 어려웠거나 헷갈렸다면 이 노트가 도움이 될 거야. 네가 배워야 할 중요한 내용이 모두 들어 있거든. 하지만 이 노트에 없는 어휘가 나온다면 얼른 국어사전을 찾아봐야겠지?

으윽… 뭐라고?

나는 이제 이 노트가 필요 없어. 노트의 내용을 다 알고 있거든. 그러니까 지금부터 이 노트의 주인은 바로 너야. 이 노트는 네가 어휘와 친해질 수 있는 가장 완벽한 방법을 알려 줄 거야. 자, 그럼 시작해 볼까?

차 례

우리 몸 1

비법노트 1장	엄지손가락으로 관자놀이를 눌러 봐	11
비법노트 2장	이목이 집중되는 건 정말 부담스러워	17
비법노트 3장	누구에게나 아킬레스건은 있어	23
비법노트 4장	너는 내 손아귀에서 벗어날 수 없어!	29

우리 몸 2

비법노트 5장	암행어사 출두요!	37
비법노트 6장	내 케이크에 눈독 들이지 마	43
비법노트 7장	나한테만 살짝 귀띔해 주면 안 될까?	49
비법노트 8장	유관순은 우리 역사에 족적을 남겼어	55

우리 몸 3

비법노트 9장   우리 할머니 관절이 쑤시면 날씨가 흐려   63

비법노트 10장   나와 언니를 차별하는 게 너무 노골적이야   69

비법노트 11장   낙담하지 마! 이제부터 시작이야   75

비법노트 12장   미치고 환장하고 팔짝 뛰겠어   81

생리현상

비법노트 13장   왜 심장박동이 빨라질까?   89

비법노트 14장   긴장이 풀리고 나니 잠이 쏟아져   95

비법노트 15장   너만 보면 내 얼굴이 홍조를 띠게 돼   101

비법노트 16장   골고루 먹어야 필요한 영양분을 섭취할 수 있어   107

감각과 느낌

비법노트 17장   내 예감은 틀린 적이 없어   115

비법노트 18장   내 말 좀 경청해 줄래?   121

비법노트 19장   내 눈으로 직접 목격했어   127

비법노트 20장   악취 때문에 숨을 쉴 수가 없어   133

외모와 몸집

비법노트 21장   한복은 품위가 느껴지는 옷이야   141

비법노트 22장   범인의 인상착의를 말해 줄래?   147

비법노트 23장   체구는 큰데 왜 그리 겁이 많아?   153

비법노트 24장   너의 악행이 적나라하게 드러났어   159

    부록 십자말풀이 · 단어 한눈에 보기   165

우리 몸 1

모발, 두개골, 관자놀이, 상반신, 면목, 눈초리, 미간, 백미, 구레나룻, 이목, 넓적다리, 오금, 정강이, 장딴지, 아킬레스건, 손아귀, 덜미, 명치, 흉부, 복부

비법노트 **1**장

엄지손가락으로 관자놀이를 눌러 봐

어휘천재가 되기 위한 첫걸음을 떼어 보려고 해.
우리 몸에서 머리와 관련된 어휘부터 시작해 볼까?
자, 날 믿고 따라와 봐!

> 급식을 먹고 나서 갑자기 **두개골**이 깨질 것처럼 머리가 아팠어요.
> 그래서 두 손으로 **모발**을 쥐어뜯고만 있었지요.
> 엄지손가락으로 **관자놀이**를 눌러도 아무런 효과가 없는 거예요.
> **상반신**을 일으켜 세울 힘도 없고요.
> 하지만 담임선생님에게 조퇴하고 싶다고 말할 수가 없었어요.
> 오늘 아침에 지각을 해서 **면목**이 없었거든요.

**모발**은 사람의 머리나 몸에 난 털을 뜻해. 모발, **두발**에 쓰인 발은 터럭이라는 뜻을 가진 한자야. **터럭**은 또 뭐냐고? 터럭은 사람이나 짐승의 몸에 난 길고 굵은 털이라는 뜻이야. 비유적으로 <mark>아주 작고 사소한 것</mark>을 뜻하기도 해!

<mark>나에게 터럭만큼의 잘못도 없어</mark>라는 말이 길고 굵은 털만큼의 잘못이 없다는 뜻은 아니겠지? 이럴 때는 비유적으로 나에게는 아주 조금의 잘못도 없다는 뜻이야. 같은 뜻으로 내가 자주 쓰는 표현은 <mark>손톱만큼의 잘못도 없어</mark>야. 터럭도, 손톱도 비유적으로 아주 작거나 사소하다는 뜻으로 쓰인다는 걸 알 수 있겠지?

 털 모
 터럭 발

두개골은 사람이나 동물의 머리를 둘러싸고 있는 뼈를 뜻해. 두개골 대신 쓸 수 있는 비슷한말은 <mark>머리뼈</mark>야.

<mark>대가리</mark>는 <mark>동물의 머리</mark>를 가리킬 때 쓰는 말이야. 그러니 어른이나 친구에게는 쓰면 안 돼. 듣는 사람은 아주 기분이 나쁠 거야.

 머리 두
 덮을 개
 뼈 골

관자놀이 는 귀와 눈 사이에 맥박이 뛰는 자리를 뜻해.

머리가 아프면 나도 모르게 관자놀이를 누르게 된다니까.

관자놀이의 어원은 뭘까? 옛날 사람들이 머리에 쓰던 망건에 달려 있는 작은 단추 모양의 고리를 관자라고 해. 그런데 이 관자가 놓이는 얼굴 부분은 맥이 뛸 때마다 콩콩 움직이거든? 그래서 이 신체 부위를 관자놀이라고 부르기 시작했대.

관자놀이는 관자노리 라고 발음해! 쓸 때는 놀이 읽을 때는 노리!

상반신 은 사람의 몸에서 허리 위의 부분을 뜻하는 말이야. 비슷한말로 윗몸, 상체가 있어.

그럼 사람의 몸에서 허리 아래의 부분은 뭐라고 할까? 맞아! 하반신 또는 아랫몸, 하체라고 해. 상반신과 하반신을 합치면 전신이 되겠지?

상반신
하반신
전신

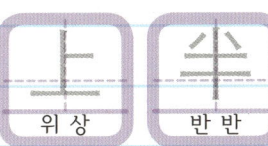

上 위 상   半 반 반   身 몸 신

면목은 사람이나 사물의 겉모습을 뜻하는 말이야. 남을 대할 만한 체면이라는 뜻도 있어.
비슷한말로 면모, 낯이라는 말을 쓰기도 해.

> 낯 두껍다, 낯을 들다, 낯을 못 들다 등 우리가 습관적으로 쓰는 말에 낯이 많이 등장해. 네가 습관적으로 자주 쓰는 말은 어떤 게 있어?

습관적으로 쓰는 말이나 익숙해진 말을 **관용어**라고 해. **숙어**라고도 하고!
관용어는 앞으로도 계속 나올 말이니까 꼭 기억하자고!

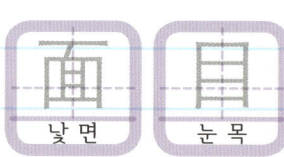

낯 면   눈 목

함께 알아 두기

✓ **두피** 머리를 덮고 있는 살갗.
→ 두피가 건강해야 머릿결도 좋아져.

✓ **두상** 머리 모양이나 생김새.
→ 너는 두상이 예뻐서 모자가 참 잘 어울리는구나.

✓ **고막** 소리를 들을 수 있게 하는 귀 안쪽의 얇은 막.
→ 시끄럽게 소리 좀 지르지 마. 고막이 터질 것 같단 말이야.

퀴즈

1~3. 다음 보기에서 알맞은 말을 찾아 써 보자.

<보기> • 면목   • 고막   • 관자놀이

1. 머리가 아플 때는 _____를 누르면 시원해.
2. 시험을 잘 못 봐서 엄마한테 _____이 없어.
3. 내 동생 울음소리 때문에 _____이 터질 것 같아.

4~7. 비슷한말끼리 연결해 보자.

4. 상반신 •   • 낯
5. 하반신 •   • 머리뼈
6. 두개골 •   • 상체
7. 면목   •   • 하체

8~10. 한자가 뜻하는 우리 몸의 부위를 찾아 연결해 보자.

8. 頭(두) •   • 뼈
9. 目(목) •   • 눈
10. 骨(골) •   • 머리

15

정답

1. 머리가 아플 때는 <u>관자놀이</u>를 누르면 시원해.

2. 시험을 잘 못 봐서 엄마한테 <u>면목</u>이 없어.

3. 내 동생 울음소리 때문에 <u>고막</u>이 터질 것 같아.

4. 상반신 — 상체
5. 하반신 — 하체
6. 두개골 — 머리뼈
7. 면목 — 낯

8. 頭(두) — 머리
9. 目(목) — 눈
10. 骨(골) — 뼈

비법노트 **2**장

이목이 집중되는 건 정말 부담스러워

거울을 들여다보면 뭐가 보여?
이목구비! 귀, 눈, 입, 코가 보이지?
이목구비와 관련된 어휘를 배워 볼까?

늦은 밤까지 드라마를 보자 엄마가 매서운 **눈초리**로 쳐다보셨어요.
미간을 살짝 찌푸리시며 그만 자라고 하셨죠.
하지만 드라마의 **백미**라고 부를 만한 장면이 막 시작되고 있었어요.
주인공이 **구레나룻**을 기른 남자에게 쫓기는 긴장감 넘치는 장면이었거든요.
제 **이목**은 온통 텔레비전 화면에 집중되고 말았어요.

17

눈초리는 귀 쪽으로 가늘어지는 눈의 끝부분을 가리키는 말이야. 비슷한말은 눈꼬리지.

누군가 또는 어딘가를 바라볼 때 눈에 나타나는 표정도 눈초리라고 해. 눈의 모양보다는 눈에 담긴 감정을 표현할 때 쓰여. 눈초리가 쳐졌다라고 할 때는 눈의 모양을 뜻하는 거고, 감시의 눈초리라고 할 때는 눈에 나타나는 표정을 뜻하겠지?

어떤 물체의 가늘고 뾰족한 끝부분을 초리라고 해.

미간은 두 눈썹의 사이를 뜻하는 말이야. 미간이 넓다, 미간이 좁다, 미간을 찌푸리다라는 말을 자주 쓰지? 비슷한말로 양미간이라고도 해.

미간이 두 눈썹의 사이를 뜻하는 말이라면, 미우는 이마의 눈썹 근처를 뜻하는 말이야.

눈썹 미   사이 간

백미는 한자 그대로 풀이하면 흰 눈썹이라는 뜻이지만, 여럿 가운데에서 가장 뛰어난 사람이나 훌륭한 물건을 비유적으로 이르는 말로 주로 쓰여. 우리말에는 이렇게 비유해서 쓰이는 말이 많아.

초미는 매우 위급함을 비유하여 이르는 말이야. 초焦는 그을리다라는 뜻의 한자어야. 한자 그대로 풀이하면 눈썹에 불이 붙었다는 뜻이지. 눈썹에 불이 붙었으니 얼마나 위급하겠어!

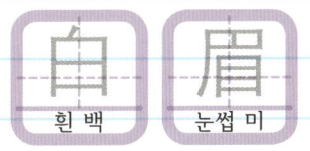

白 흰 백   眉 눈썹 미

> 초미의 관심사라는 말, 많이 들어 봤지?

구레나룻은 귀밑에서 턱까지 잇달아 난 수염을 뜻하는 말이야. 남자는 사춘기가 되면 입 주변이나 턱 또는 뺨에 털이 나는 거 알지? 어느 곳에 털이 나는지에 따라 **구레나룻, 턱수염, 콧수염**이라고 불러.

> 수염과 나룻은 같은 말이야.

구렛나루라고 알고 있는 사람들이 많아. 구레나룻이 표준어니까 꼭 기억하도록 해!

이목은 귀와 눈을 뜻하기도 하고, 귀와 눈을 중심으로 한 얼굴의 생김새를 뜻하기도 해.

이목이 집중되다라는 말을 들어 본 적 있지? 이때는 생김새라는 뜻이 아니라 **주의나 관심**이라는 뜻으로 쓰인 거야.

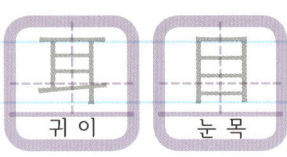

이목이 넓다는 보고 듣고 해서 아는 것이 많다는 뜻의 관용어야.

함께 알아 두기

✔ **시야** 눈으로 볼 수 있는 범위. 사물이나 현상을 이해할 수 있는 생각의 범위.
→ 책을 많이 읽으면 세상을 보는 **시야**가 넓어진대.

✔ **안중** 눈의 안. 생각하거나 마음에 두는 것.
→ 오늘 미현이의 행동을 보니 너는 **안중**에도 없던데? 이제 그만 포기해!

✔ **구강** 입에서 목구멍까지의 공간.
→ 지철이 입이 튀어나와 보이는 건 **구강** 구조 때문이야.

퀴즈

1~3. 다음 보기를 참고해 공통으로 들어가는 말을 써 보자.

<보기>   • 미간   • 눈초리   • 초미

1. (1) 감니의 _____   (2) _____ 가 터지다
2. (1) _____ 을 찌푸리다   (2) _____ 이 돕다
3. (1) _____ 의 관심사   (2) _____ 의 문제

4~6. 다음 물음에 답해 보자.

4. 다음 문장에서 밑줄 친 말을 표준어로 바꿔 보자.

   <u>구렛나루</u>는 귀밑에서 턱까지 잇따라 난 수염을 말한다.

5. 다음 설명이 가리키는 말을 써 보자.

   여럿 가운데에 가장 뛰어난 사람이나 훌륭한 물건 → _____

6. 다음 중 말의 쓰임이 다른 것을 골라 보자.

   ① 내 친구는 <u>이목</u>이 뚜렷해서 잘생겼어.
   ② 평창 동계올림픽에 전 세계의 <u>이목</u>이 집중되었어.
   ③ 그 영화의 주인공은 <u>이목</u>이 빼어나.
   ④ 할아버지가 젊으셨을 때 사진을 보니 <u>이목</u>이 정말 수려하시더라고.

정답

1. (1) 감시의 <u>눈초리</u>

   (2) <u>눈초리</u>가 터지다

2. (1) <u>미간</u>을 찌푸리다

   (2) <u>미간</u>이 좁다

3. (1) <u>초미</u>의 관심사

   (2) <u>초미</u>의 문제

4. 구레나룻

5. 백미

6. ②

비법노트 3장

누구에게나 아킬레스건은 있어

여기서는 우리 몸의 다리와 관련된 어휘를 배울 거야.
다리를 쫙 펴고 편한 자세로 들어 봐!

오랜만에 친구들과 축구를 한 다음 날부터 **넓적다리**가 아팠어요.
장딴지가 뭉쳤는지 걷기조차 힘들고,
공을 맞은 **정강이**에는 멍까지 들었어요.
아침을 먹으려고 의자에 앉는데 **오금**을 펴기도 어려웠어요.
온몸이 아프지만 그나마 다행이에요.
친구가 제 발목에 태클을 걸다 **아킬레스건**을 건드렸지만 크게
다치지는 않았거든요.

넓적다리
는 무릎 위쪽의 다리를 뜻해. 넓적다리의 위쪽 부분은 **허벅다리**라고 하고, 허벅다리 안쪽의 살이 깊은 곳은 **허벅지**라고 해.

> 앞으로는 넓적다리를 가리키며 허벅지라고 불러서는 안 되겠지?

← 넓적다리
↖ 오금

오금
은 무릎을 구부렸을 때 오목하게 들어간 부분을 뜻해. 씨름에 '오금당기기'라는 기술이 있어. 이 기술은 상대방의 샅바를 잡고 있다가 재빨리 손으로 상대방의 오금을 잡아당기는 기술이지.

오금이 저리다는 자신이 저지른 잘못이 들통나거나 그 때문에 나쁜 결과가 있지는 않을까 마음을 졸인다는 뜻으로 쓰여. 무언가 잘못하면 무릎이 덜덜 떨리잖아. 그래서 생긴 관용어일 거야!

> **오목하다**는 가운데가 동그스름하게 폭 패거나 들어가 있는 상태를 뜻해.
> 반대말은 **볼록하다**인데, 물체의 겉 부분에서 가운데가 쏙 나와 있는 걸 말해.
> **오목렌즈**와 **볼록렌즈**를 떠올려 봐!

24

정강이는 무릎 아래부터 발목까지에서 앞쪽에 뼈가 있는 부분을 뜻해. 다리는 무릎을 기준으로 발목부터 무릎 아래까지를 **아랫다리**, 무릎 위부터 허벅다리까지를 **윗다리**라고 해. 결국 정강이는 아랫다리의 앞쪽을 뜻하는 거야.

> **정강이가 맏아들보다 낫다**는 속담이 있어. 아무리 남이 잘 돌보아 준다고 해도 제 발로 다니면서 직접 해결하는 것이 가장 좋은 방법이라는 뜻이야.

장딴지는 종아리 뒤쪽의 살이 불룩한 부분을 말해. **종아리**는 무릎과 발목 사이의 뒤쪽 근육 전체를 말하지. 이제 장딴지와 종아리를 구분할 수 있겠지?

내 장딴지는 씨름 선수만큼 튼튼하다고!

> 정강이는 **앞쪽 뼈가 있는 부분**을, 종아리는 **뒤쪽 근육이 있는 부분**을 말하는 거야. 정강이와 종아리도 헷갈리지 말자고.

아킬레스건

은 발뒤꿈치 뼈에 붙어 있는 굵고 강한 힘줄을 뜻해. 치명적인 약점을 비유하는 말로도 쓰이지.

그리스의 영웅 아킬레스의 유일한 약점은 발뒤꿈치에 있는 힘줄이었대. 아킬레스는 트로이전쟁에서 이곳에 화살을 맞고 죽었어. 그래서 **치명적인 약점**을 아킬레스건이라고 부르기 시작했대.

아킬레스 뒤에 붙은 **건**腱은 힘줄이라는 뜻이야. **힘줄**은 근육을 이루는 희고 질긴 살의 줄을 뜻하지.

함께 알아 두기

✓ **샅** 두 다리의 사이.
→ 꽉 끼는 바지를 입으면 샅 부위에 습진이 생겨.

✓ **사지** 사람의 두 팔과 두 다리.
→ 사람들 앞에서 노래를 하려고 하니까 긴장돼서 사지가 덜덜 떨리는 거 있지?

✓ **볼기** 뒤쪽 허리 아래, 허벅다리 위의 양쪽으로 살이 불룩한 부분.
→ 가난한 흥부는 돈을 받고 볼기를 대신 맞는 일을 했대.

퀴즈

1~4. 말과 뜻을 바르게 연결해 보자.

1. 장딴지 •   • 넓적다리의 위쪽
2. 허벅다리 •   • 종아리 뒤쪽의 살이 불룩한 부분
3. 넓적다리 •   • 허벅다리 안쪽의 살이 깊은 곳
4. 허벅지 •   • 무릎 위쪽의 다리

5~7. 다음 보기에서 알맞은 말을 찾아 써 보자.

<보기>   • 오금   • 정강이   • 아킬레스건

5. 몰래 간식을 먹은 걸 들킬까 봐 _____이 저렸어.
6. 나의 _____은 태어날 때부터 약한 심장이야.
7. 발차기 연습을 하다 실수로 동생의 _____를 걷어찼어.

8. 다음에서 설명하는 다리의 부분을 써 보자.

- 옛날 아이들이 잘못했을 때 선생님이나 부모님에게 회초리로 맞았던 부분
- 무릎과 발목 사이의 뒤쪽 근육 부분

정답

1. 장딴지 ── 넓적다리의 위쪽
2. 허벅다리 ── 종아리 뒤쪽의 살이 불룩한 부분
3. 넓적다리 ── 허벅다리 안쪽의 살이 깊은 곳
4. 허벅지 ── 무릎 위쪽의 다리

5. 몰래 간식을 먹은 걸 들킬까 봐 <u>오금</u>이 저렸어.

6. 나의 <u>아킬레스건</u>은 태어날 때부터 약한 심장이야.

7. 발차기 연습을 하다 실수로 동생의 <u>정강이</u>를 걷어찼어.

8. 종아리

 비법노트 **4장**

너는 내 손아귀에서 벗어날 수 없어!

1장에서 **상반신**, 즉 **윗몸**이라는 어휘를 배웠어.
벌써 잊은 건 아니겠지?
이제 윗몸과 관련된 여러 어휘를 배워 볼 거야.

체육 시간에 심폐소생술 실습을 했어요.
선생님에게 배운 내용을 머릿속에 떠올렸어요.
먼저 누워 있는 사람의 **흉부**를 확인했어요.
그 아래 **명치**는 급소니까 조심해야만 해요.
그다음 양손을 깍지 낀 채 **손아귀**에 힘을 주어 강하고 빠르게
30회 정도 눌러 주었어요.
그런데 선생님이 제 **덜미**를 잡으며 화를 내시는 거예요.
알고 보니 제가 압박한 건 흉부가 아니라 **복부**였어요.

29

손아귀

손아귀는 엄지손가락과 다른 네 손가락과의 사이를 가리키는 말이야. 또 <mark>손으로 쥐는 힘</mark>이나 <mark>세력이 미치는 범위</mark>를 뜻하기도 해. 한 어휘에 정말 많은 뜻이 있지 않아? 비슷한말로 **수중**을 써도 돼.

> 내 수중에는 정말 아무것도 없어! 비법노트 말고는!

아귀는 사물의 갈라진 부분을 뜻하는 말이야. 관용어 **아귀가 맞다**는 앞뒤가 빈틈없이 들어맞는다는 뜻이지.

덜미

덜미는 목의 뒤쪽 부분을 뜻해. **목덜미**라고도 하지. **뒷덜미**는 목의 뒤쪽 아랫부분으로, 양 어깨죽지 사이를 말해. **등덜미**는 등의 윗부분을 말하고!

- 덜미
- 뒷덜미
- 등덜미

어깨죽지는 어깨에 팔이 붙은 부분을 가리켜. **어깨죽지가 처지다**는 풀이 죽고 기가 꺾이다라는 뜻의 관용어야.

덜미 잡히다는 못된 일을 꾸미다가 들통났을 때 쓰는 관용어야.

명치는 사람의 가슴뼈 아래 한가운데의 오목하게 들어간 곳을 뜻하는 말이야. 명치는 조금만 다쳐도 매우 위험해. 그러니까 장난으로라도 친구의 명치는 절대 건드리면 안 돼!

명치처럼 조금만 다쳐도 생명에 지장을 줄 수 있는 몸의 중요한 부분을 **급소**라고 해! 사물의 가장 중요한 곳을 뜻하기도 하지. 우리 몸에서 가운데 부분은 대부분 급소라고 할 수 있으니 늘 조심해야 해.

흉부는 인간이나 동물의 목과 배 사이에 있는 몸의 앞부분으로, <mark>가슴을 전문적으로 이르는 말</mark>이야.

흉부외과는 주로 수술로 가슴 부위의 장기에 생기는 질병을 치료하는 의학 분야 또는 그 분야의 병원을 말해. 병원 간판에서 많이 봤을걸?

가슴 흉

나눌 부

내과 병원과 외과 병원의 차이는 뭘까?
내과는 내장 기관에 생긴 병을 수술하지 않고 물리요법이나 약으로 치료하는 병원이고, **외과**는 몸 외부의 상처나 내장 기관에 생긴 병을 수술로 치료하는 병원을 뜻해.

복부는 우리 몸에서 가슴 아래에서 다리 위까지의 부분, 즉 배를 뜻하는 말이야.

비슷한 뜻의 어휘인 배는 더 다양한 뜻으로 쓰여. 음식을 소화시키는 위장, 창자 등의 내장이 있는 곳을 뜻하기도 하고, 물건의 가운데 부분을 뜻하기도 해. 콜라 병은 배 부분이 오목하게 들어가 있어라고 할 때 배 대신에 복부라고 쓰면 이상하겠지?

하복부는 사람의 배꼽 아래쪽의 배를 말해.

 배 복
 나눌 부

함께 알아 두기

✓ **배후** 등의 뒤. 어떤 대상이나 무리의 뒤쪽. 어떤 일의 드러나지 않는 이면.
→ 이번 테러의 배후로 무장 폭력 조직이 지목되었어.

✓ **분신** 하나의 주체에서 갈라져 나온 것.
→ 우리 아빠는 항상 내가 아빠의 분신이라고 이야기하셔.

✓ **등줄기** 척추뼈가 있는 등의 한가운데 부분.
→ 공포영화를 보는데 등줄기가 오싹해지면서 식은땀이 났어.

1~3. 다음 보기에서 알맞은 말을 찾아 써 보자.

<보기> • 명치   • 덜미   • 아귀

1. 캠핑 준비는 우리가 계획한 대로 _____가 턱턱 맞고 있어.
2. 그는 다시 도둑질을 하다가 _____를 잡혀서 경찰서에 갔지.
3. _____는 우리 몸의 급소라서 맞으면 위험할 수 있어.

4~6. 비슷한말끼리 연결해 보자.

4. 손아귀   •   • 목덜미
5. 흉부   •   • 수중
6. 덜미   •   • 가슴

7. 말과 뜻이 잘못 연결된 것을 골라 보자.

① 뒷덜미 — 양 어깻죽지 사이
② 배후 — 등의 한가운데 부분
③ 복부 — 우리 몸에서 배 부분
④ 하복부 — 사람의 배꼽 아래쪽의 배

정답

1. 캠핑 준비는 우리가 계획한 대로 아귀가 척척 맞고 있어.

2. 그는 다시 도둑질을 하다가 덜미를 잡혀서 경찰서에 갔지.

3. 명치는 우리 몸의 급소라서 맞으면 위험할 수 있어.

4. 손아귀 — 가슴
5. 흉부 — 목덜미
6. 덜미 — 누중

7. ②

우리 몸 2

낯가림, 면전, 두각, 염두, 출두, 눈독, 눈도장, 눈엣가시, 근시안, 안목, 입담, 입방정, 구두, 구설수, 귀띔, 수완, 수족, 장악, 발치, 족적

 비법노트 **5장**

암행어사 출두요!

우리는 평소에 얼굴과 관련된 어휘를 많이 사용하고 있어.
얼굴의 연관어가 이목구비만 있는 건 아니야.
지금부터 한번 알아볼까?

우리 반 준영이는 모든 면에서 **두각**을 나타내는 뛰어난 아이에요.
다만 **낯가림**이 꽤 심해요.
다른 친구나 선생님 **면전**에서는 엄청 수줍어하거든요.
그래서 이번 학예회에서 공연할 연극 역할을 정할 때 그 점을
염두에 두었어요.
경찰서에 **출두**한 용의자를 취조실로 데려가기만 하면 되는
역할이에요.

낯가림은 낯선 사람을 대하기 어려워하거나 싫어한다는 뜻이야. 아기가 낯선 사람을 보고 울거나 싫어하는 것도 낯가림이라고 해.

> 낯은 얼굴을 뜻하는 말로 쓰이기도 하고, 체면을 뜻하는 말로 쓰이기도 해. **체면**은 남을 대하기에 떳떳한 입장이나 얼굴을 뜻하는 말이야.

내가 아빤데….

면전은 어떤 사람이 보고 있는 앞을 뜻하는 말이야. 한자를 풀이하면 얼굴 바로 앞이라고 할 수 있지.

> **목전**은 눈으로 볼 수 있는 아주 가까운 곳을 말해. **눈앞**이라고도 할 수 있어. 가까운 앞날은 눈으로도 확인할 수 있잖아? 그래서 **아주 가까운 장래**라는 뜻도 있지.

> 전은 앞이라는 뜻의 한자야. 그래서 전과 앞을 함께 쓰면 안 돼. 역전 앞에서 만나와 같이 말이야. 풀어 쓰면 '역 앞 앞'처럼 같은 말을 두 번 쓰는 꼴이 되겠지? 자주 하는 실수니까 잊지 말고 기억해 둬!

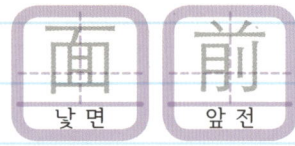
面 낯 면 　 前 앞 전

두각은 뛰어난 재주나 기술, 지식을 뜻하는 말이야.

피아노뿐 아니라 어휘 공부에서도 두각을 나타내고 싶어!

본래 두각은 짐승의 머리에 있는 뿔을 가리키는 말이었대. 주로 **두각을 나타내다**와 같이 남을 평가할 때에 쓰여.

 머리 두
 뿔 각

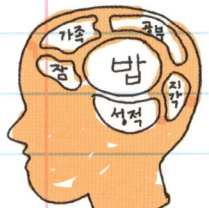

염두는 생각의 맨 처음 혹은 머릿속이나 마음속을 가리키는 말이야.

마음속 대신 쓸 수 있는 말로 **심중**이 있어. 하지만 심중에 생각의 맨 처음이라는 뜻이 있지는 않으니까 문장에서 어떤 뜻으로 쓰였느냐에 따라 대신 쓸 수 있기도 하고, 그렇지 않기도 하다는 걸 꼭 알아야 해!

마음속은 **맘속**으로 줄여 쓰기도 해.
이렇게 줄어든 말을 **준말**이라고 해.
사이가 **새**로 줄어든 것처럼 말이야!

 생각할 염
 머리 두

출두는 어떤 곳에 몸소 나가거나 조사 등을 받기 위해 경찰서나 법원 등에 직접 나간다는 뜻이야.

『춘향전』에서 이몽룡이 암행어사가 되어 악행을 일삼던 변사또를 벌하기 위해 관아에 나타날 때 "암행어사 출또요!"라고 외치지? 이 출또의 원말이 바로 출두야!

원말은 변하기 전의 원래 말이야. 본딧말이라고도 해.

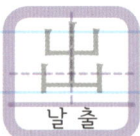 
날 출   머리 두

함께 알아 두기

✓ **진두** 군대에서 전투 대형의 맨 앞. 일의 맨 앞.
→ 네가 진두에 서서 우리 반 체육대회 우승을 이끌어 줘.

✓ **두서없다** 일의 차례나 갈피를 잡을 수 없다.
→ 두서없이 이야기하지 말고 차근차근 이야기해 봐.

✓ **등지다** 서로 사이가 나빠지다. 등 뒤에 두다.
→ 친구와 등지고 살려고 그래? 오해는 풀어야지.

1~2. 다음 보기의 설명을 참고해 알맞은 말을 써 보자.

　　<보기>　1. 생각의 맨 처음 혹은 머릿속이나 마음속
　　　　　　2. 마음속 대신 쓸 수 있는 말

1. 우리 반 반장으로 너를 _____ 에 두고 있어.
2. 나는 정연이에게 _____ 에 묻어 두었던 말을 털어놓았어.

3~4. 다음 문장에 알맞은 말을 골라 보자.

3. 그 일을 <u>면전 / 목전</u>에서 말하려니 낯스럽다.
4. 드디어 기다리던 날이 <u>면전 / 목전</u>에 다가왔다.

5~7. 다음 보기에서 알맞은 말을 찾아 써 보자.

　　<보기>　• 두각　• 낯가림　• 출두

5. "암행어사 출또요!"에서 출또의 원말은 _____ 야.
6. 아기가 _____ 이 심해서 안아 볼 수도 없어.
7. 그렇게 영어를 열심히 하더니 어느새 _____ 을 나타내더라고.

정답

1. 우리 반 반장으로 너를 **염두**에 두고 있어.

2. 나는 정연이에게 **심중**에 묻어 두었던 말을 털어놓았어.

3. 그 일을 **면전**에서 말하려니 낯스럽다.

4. 드디어 기다리던 날이 **목전**에 다가왔다.

5. "암행어사 출또요!"에서 출또의 원말은 **출두**야.

6. 아기가 **낯가림**이 심해서 안아 볼 수도 없었어.

7. 그렇게 영어를 열심히 하더니 어느새 **두각**을 나타내더라고.

비법노트 6장

내 케이크에 눈독 들이지 마

우리 몸과 관련된 어휘 중에 눈과 관련된 말을 배울 차례야.
눈 크게 뜨고 잘 따라와야 해!

오늘날 화가 이중섭의 그림은 많은 사람이 **눈독**을 들이고 있지요.
그러나 그의 그림은 살아 있을 때는 **눈도장**을 받지 못했대요.
한국전쟁 때는 피난 간 곳에서 사람들이 이중섭의 일본인 아내를
눈엣가시로 여기기도 했고요.
결국 그는 평생을 가난에 시달리다 죽고 말았어요.
당시에는 먹고살기 바빠서 사람들이 그림에는 **근시안**일 수밖에
없었던 것일까요?
그림을 보는 **안목** 있는 사람이 더 많았다면 좋았을 텐데 아쉬워요.

눈독은 눈의 독기, 즉 눈에 도는 사납고 매서운 기운이야. 욕심이 나서 매우 관심 있게 보는 걸을 말해.

> 비슷한 표현으로 눈총이 있어. **눈총**은 눈에 독기를 띠며 쏘아보는 시선을 뜻해. 주로 **눈독을 들이다**, 남의 미움을 받는다는 뜻의 **눈총을 맞다**와 같이 쓰여.

눈도장은 눈과 도장이 합쳐진 말로, 눈으로 찍는 도장이라는 뜻이야. 눈짓으로 허락을 얻어 내는 일이나 상대편의 눈에 띄는 일을 뜻하는 말이지.

> **얼굴도장**은 다른 사람에게 자신의 얼굴을 기억하도록 하거나, 모임 등에 참석하여 그 자리에 왔다는 사실을 알리는 일을 뜻해.

도장은 나무, 수정 등의 재료를 깎아 이름을 새긴 물건이야. 계약서나 결재 서류 등에 확인을 했다는 표시로 인주를 묻혀 본인의 이름이나 직책 옆에 찍어. 요즘은 도장 대신 서명을 많이 사용하기는 해.

눈엣가시

는 몹시 미워서 보기가 싫은 사람을 뜻하는 말이야. 눈에 먼지 한 톨만 들어가도 불편한데, 가시가 있으면 얼마나 아프고 싫겠어! 다른 사람에게 내가 눈엣가시 같은 존재가 된다는 건 생각만 해도 아찔한 일이야.

눈에 티끌만 들어가도 아픈 법인데, 엄마 아빠에게 "눈에 넣어도 아프지 않아"라는 소리를 들은 적이 있다면 너는 정말 귀하고 사랑스럽다는 뜻일 거야!

눈엣가시를 눈의가시, 눈에까시로 잘못 쓰는 경우가 많아. 표준어는 눈엣가시야.

근시안

은 가까운 곳에 있는 건 잘 보지만 먼 데 있는 것을 잘 보지 못하는 눈을 말해. 근시라고도 하지. 눈앞의 일에만 사로잡혀 먼 앞날의 일을 짐작하는 지혜가 없음을 비유적으로 이를 때 쓰기도 해.

게임을 너무 많이 했나? 칠판 글씨가 잘 안 보여~

가까이 있는 것을 잘 보지 못하는 눈은 원시 또는 원시안이라고 해.

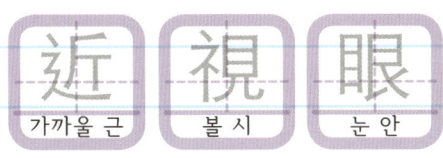

近 가까울 근 　 視 볼 시 　 眼 눈 안

안목은 어떤 것의 가치를 판단하거나 구별할 수 있는 능력을 뜻해.

비법노트를 선택한 너의 안목은 정말 뛰어나!

한 분야에서 안목이 높거나 뛰어난 사람을 <u>전문가</u>라고 해. 즉, 한 분야에 많은 지식과 경험을 가진 사람이지. 앞으로 관심 있는 분야의 전문가가 되고 싶다면 안목을 길러야겠지? 그러려면 오랫동안 좋은 걸 많이 보고 자세히 관찰해야 한대.

 눈 안 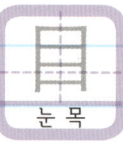 눈 목

함께 알아 두기

- ✓ **혈안** 기를 쓰고 달려들어 독이 오른 눈.
- → 반장이 책상에 낙서한 사람을 찾는 데 혈안이 되어 있어.
- ✓ **노안** 나이가 들어서 시력이 나빠짐. 또는 그런 눈.
- → 우리 할머니는 노안 때문에 책을 읽을 때 돋보기를 쓰셔.
- ✓ **눈썰미** 한두 번 보고도 잘 기억하거나 그대로 따라 하는 재주.
- → 우리 엄마는 눈썰미가 좋아서 한 번 본 물건을 똑같이 만드실 수 있어.

퀴즈

1~4. 다음 문장의 빈칸에 알맞은 말을 넣어 보자.

1. 눈으로 찍는 도장이라는 뜻으로, 상대편의 눈에 띄는 일을 이르는 말은 _____ 이라고 해요.
2. _____ 은 다른 사람에게 자신의 얼굴을 기억하도록 하거나, 모임 등에 참석하여 그 자리에 왔다는 사실을 알리는 일을 뜻하고요.
3. 가까운 데 있는 것은 잘 보지만 먼 데 있는 것은 잘 보지 못하는 눈을 _____ 또는 근시안이라고 불러요.
4. 반면 가까이 있는 것을 잘 보지 못하는 눈은 _____ 또는 원시안이라고 하지요.

5~7. 말과 뜻을 바르게 연결해 보자.

5. 전문가 •　　　• 몹시 미워서 보기가 싫은 사람
6. 눈엣가시 •　　• 어떤 것의 가치를 판단하거나 구별할 수 있는 능력
7. 안목 •　　　• 어떤 분야에서 안목이 높거나 뛰어난 사람

8. 우리 몸의 '눈'과 관련이 없는 말을 골라 보자.

① 눈동　　② 눈썰미　　③ 노안　　④ 잎눈

47

1. 눈으로 찍는 도장이라는 뜻으로, 상대편의 눈에 띄는 일을 이르는 말은 <u>눈도장</u>이라고 해요.

2. <u>얼굴도장</u>은 다른 사람에게 자신의 얼굴을 기억하도록 하거나, 모임 등에 참석하여 그 자리에 왔다는 사실을 알리는 일을 뜻하고요.

3. 가까운 데 있는 건 잘 보지만 먼 데 있는 건 잘 보지 못하는 눈을 <u>근시</u> 또는 근시안이라고 불러요.

4. 반면 가까이 있는 건을 잘 보지 못하는 눈은 <u>원시</u> 또는 원시안이라고 하지요.

5. 전문가 — 몹시 미워서 보기가 싫은 사람
6. 눈엣가시 — 어떤 것의 가치를 판단하거나 구별할 수 있는 능력
7. 안목 — 어떤 분야에서 안목이 높거나 뛰어난 사람

8. ④

비법노트 7장

나한테만 살짝 귀띔 해 주면 안 될까?

눈에 대해 배웠으니 입과 귀와 관련된 어휘도 배우면 좋겠지?
귀를 쫑긋 세우고 내가 하는 말을 들어 봐.

어느 연예인이 예능 프로그램에서 **입방정**을 떨었나 봐요.
구설수에 올라 인터넷 실시간 검색어에 뜨더라고요.
평소에 **입담**이 좋기로 유명한데, 그날 따라 시시콜콜 온갖 이야기를 했대요.
그래서 **구두**로 이야기를 전할 때는 늘 조심해야 해요.
주위 사람들이 말실수를 조심하라고 미리 **귀띔**을 해 주었으면 좋았을 거예요.

입담

입담은 말하는 솜씨나 힘을 뜻해. **언변**, **말솜씨**, **말재주**, **말주변**, **화술** 등이 비슷한 뜻을 가진 어휘야.

농담은 장난으로 다른 사람을 놀리거나 웃기려고 하는 말이고, **덕담**은 새해나 생일을 맞아 상대방이 잘되기를 기원하면서 하는 말이야.

입방정

입방정은 버릇없이 수다스럽게 지껄이면서 방정을 떠는 일을 가리키는 말이야. **방정**이 뭐냐고? 점잖고 조심스럽게 하지 못하고 가볍고 생각 없이 하는 말이나 행동을 뜻해. 방정을 입으로 떠는 느낌, 뭔지 알겠지?

어떤 사실을 이야깃거리로 삼아 이러쿵저러쿵 쓸데없이 입을 놀리는 일을 **입방아**라고 하고, 말로 서로 다투는 일을 **입씨름** 또는 **말씨름**이라고 해. 입방정, 입방아, 입씨름… 헷갈리지 마!

입방아를 찧다는 말을 방정맞게 자꾸 한다는 뜻의 관용어야.

구두는 마주 대하여 입으로 하는 말을 뜻해. 주로 '구두로 ○○하다'나 '구두 ○○'로 쓰여.

구두계약은 등서를 만들지 않고 말로만 맺는 계약을 뜻해. 구두계약보다는 확실하게 계약서에 도장을 찍거나 서명을 하는 게 좋아.

○○에 들어갈 어휘를 넣어 봐! 어휘 연습은 그렇게 하는 거야! 입으로 할 수 없는 일을 넣으면 안 되겠지?

구두로 약속하다, 구두로 지시하다, 구두 보고, 구두 전달 등 ○○에 들어갈 어휘, 정말 많지?

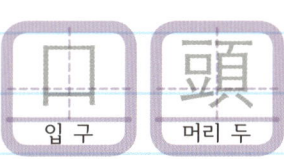

구설수는 남과 말다툼을 하거나 남에게서 헐뜯는 말을 듣게 될 운수를 뜻하는 말이야. **운수**는 인간의 힘으로 바꿀 수 없는, 이미 정해져 있는 인간의 운명이라는 뜻이지.

구설은 남을 비난하거나 그 사람의 권위를 떨어뜨리는 말이라는 뜻이야. 친구를 불편하게 할 수 있는 구설은 남기는 게 좋아.

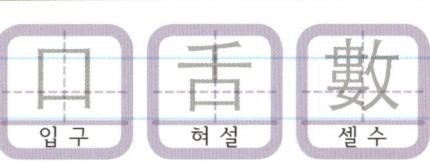

귀띔은 상대방이 눈치로 알 수 있도록 **미리 슬그머니** 말해 준다는 뜻이야.

> 귀띔은 귀뜨이다 → 귀띠다를 거쳐 만들어진 말이야.
> 귀가 번쩍 뜨이도록 해 준다는 말이지.

> 귀띔을 귀띰, 귀뜸으로 잘못 쓰는 경우가 있어.
> 우리 오늘부터는 귀띔이라고 제대로 쓰자고!

함께 알아 두기

✔ **구어** 글에서만 쓰는 특별한 말이 아닌, 일상적인 대화에서 사람들이 쓰는 말.
→ 책에는 실제 대화에서 쓰는 **구어**를 잘 쓰지 않아.

✔ **호구조사** 호수와 인구를 조사함. 집집마다 다니며 가족의 실태를 조사함.
→ 우리나라 인구를 정확히 알기 위해서 정기적으로 **호구조사**를 한대.

✔ **함구** 입을 다문다는 뜻으로, 말하지 않음을 이르는 말.
→ 이건 너와 나만 아는 비밀이니까 꼭 **함구**해야 해!

1. 다음 보기에서 설명하는 말을 골라 보자.

   <보기> 상대방이 눈치로 알 수 있도록 미리 슬그머니 말해 줌

   ① 귀띔   ② 귀팀   ③ 귄뜸   ④ 귀뜸

2~4. 다음 문장에 알맞은 말을 골라 보자.

2. 정민이는 <u>농담 / 입담</u>이 좋아서 이야기하다 보면 시간 가는 줄 몰라.
3. 지은이는 너무 심한 <u>농담 / 덕담</u>을 해서 문제야.
4. 큰 소리로 수다스럽게 <u>입방정 / 입씨름</u>을 떨다 혼날 수도 있어.

5~7. 다음 보기에서 알맞은 말을 찾아 써 보자.

   <보기> • 함구   • 구두   • 구설수

5. 두 사람은 이번 일을 비밀에 부치고 _____ 하기로 했어.
6. 이번에는 반드시 계획을 지키겠다고 _____ 로 약속했어.
7. 내가 한 말이 잘못 전해져서 _____ 에 올랐지 뭐야.

8. 다음 보기에서 설명하는 관용어를 써 보자.

   <보기> 말을 자꾸 방정맞게 한다

1. ①

2. 정민이는 <u>입담</u>이 좋아서 이야기를 듣다 보면 시간 가는 줄 몰라.

3. 지은이는 너무 심한 <u>농담</u>을 해서 문제야.

4. 큰 소리로 수다스럽게 <u>입방정</u>을 떨다 혼날 수도 있어.

5. 두 사람은 이번 일을 비밀에 부치고 <u>함구</u>하기로 했어.

6. 이번에는 반드시 계획을 지키겠다고 <u>구두</u>로 약속했어.

7. 내가 한 말이 잘못 전해져서 사람들의 <u>구설수</u>에 올랐지 뭐야.

8. 입방아를 찧다

 비법노트 **8장**

유관순은 우리 역사에 족적을 남겼어

이제 손발과 관련된 어휘를 배울 차례야!
어휘를 배우고 나면 네 손과 발이 새롭게 보일 거야.

추리소설 속 탐정들은 **수완**이 정말 뛰어나요.
어느 때는 마당에 찍힌 **족적**만으로 어떤 상황인지 추리해 내요.
침대 **발치**에 놓인 물건을 보고 범인을 추측하기도 하고요.
용의자들을 모아 놓고 범인을 지목할 때는 단번에 분위기를 **장악**하죠.
아, 탐정들의 **수족**과도 같은 조수들의 역할도 눈여겨보아야 해요.

수완은 일을 계획하거나 처리해 나가는 재간을 뜻하는 말이야.

재간은 재주와 솜씨를 뜻해. **손재간**은 손으로 무언을 만들거나 다루는 능력과 기술을 뜻하고, **발재간**은 발로 부리는 재주를 뜻하지.

손을 가리키는 한자 수는 기술, 재주, 꾀를 나타내는 말로도 자주 쓰여. **가수**나 **목수**처럼 말이야.

수족이 손과 발을 뜻하는 건 다 알겠지? 근데 수족은 자기의 손이나 발처럼 <mark>마음대로 부리는 사람을</mark> 비유적으로 이르는 말로도 쓰여.

형제나 자식을 비유적으로 이를 때도 **수족**을 쓴다고!

수족은 손과 발을 가리키지만, 몸 전체를 뜻하는 말로 쓰이기도 해. 관용어 **수족이 멀쩡하다**는 무슨 일을 할 수 있게 몸이 온전하다는 뜻이야.

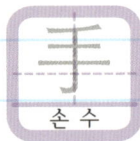 

장악은 손안에 잡아 쥔다는 뜻이야. 한자를 보면 손바닥으로 쥔다는 뜻으로 풀이되지. 비유적으로 무언을 <mark>마음대로 할 수 있게 된다</mark>는 뜻으로도 이해할 수 있어.

거머쥐다는 손으로 휘감아 꽉 쥐다라는 뜻, 그러니까 무언을 완전히 가지거나 장악한다는 뜻의 동사야.
그 선수는 올림픽에서 수영 종목 금메달을 거머쥐었다와 같이 쓰여.

동사는 사람이나 사물의 움직임을 나타내는 품사야.

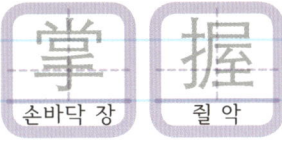

掌 손바닥 장   握 쥘 악

발치는 눕거나 서 있을 때 발이 있는 쪽을 뜻하기도 하고, 장소나 물건의 아랫부분이나 끝부분을 뜻하기도 해.

발치가 발아래를 뜻하는 말이라면, **머리맡**은 누워 있는 사람의 머리 주위를 뜻하는 말이야.

먼발치는 조금 멀리 떨어진 곳을 뜻하는 말이야.

족적은 발로 밟고 지나갈 때 남는 흔적이나 그때 나는 소리를 뜻해. 비유적으로 쓰일 때는 과거에 지나온 과정을 뜻하지.

족적과 비슷한 말은 **발자취**야. **자취**는 어떤 것이 남긴 표시나 자리를 말해.

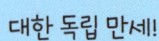
대한 독립 만세!

 발 족
 자취 적

함께 알아 두기

✓ **손가락질** 손가락으로 무엇을 가리키는 행동. 남을 흉보는 행동.
→ 나쁜 짓을 했으니 손가락질을 당해도 싸.

✓ **거수** 경례를 하거나 의견을 나타내기 위해 한 손을 들어 올림.
→ 첫 번째 안건에 대한 찬반을 거수로 결정하도록 할게.

✓ **족쇄** 죄인의 발목에 채우던 쇠사슬. 비유적으로는 자유를 구속하는 대상을 말함.
→ 일이나 돈, 시간의 **족쇄**에 묶이면 여행을 떠날 수 없어.

퀴즈

1~3. 다음 보기에서 알맞은 말을 찾아 써 보자.

<보기> • 수족 • 수완 • 장악

어제 본 영화의 주인공은 자신을 괴롭히는 악당에게 복수하려고 했어. 그에게는 모든 일에서 1. _____ 이 뛰어난 비서가 있었지. 마치 2. _____ 처럼 나서서 주인공을 도와줘. 결국 그는 악당의 회사를 3. _____ 하고 복수에 성공하게 돼.

4~6. 한자가 뜻하는 우리 몸의 부위를 찾아 연결해 보자.

4. 手(수) •   • 손바닥
5. 足(족) •   • 손
6. 掌(장) •   • 발

7. 우리 몸의 '발'과 관련이 없는 말을 골라 보자.

① 발치   ② 족적   ③ 먼발치   ④ 머리맡

8. 다음 밑줄 친 말과 비슷한말을 써 보자.

산에서 동물의 <u>족적</u>을 쫓아가다 보면 곰을 발견할지도 몰라.

정답

어제 본 영화의 주인공은 자신을 괴롭히는 악당에게 복수하려고 했어. 그에게는 모든 일에서 1. <u>수완</u>이 뛰어난 비서가 있었지. 마치 2. <u>수족</u>처럼 나서서 주인공을 도와줘. 결국 그는 악당의 회사를 3. <u>장악</u>하고 복수에 성공하게 돼.

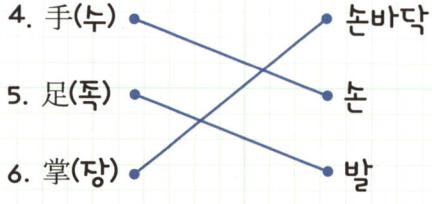

7. ④

8. 발자취

우리 몸 3

장기, 간담, 근력, 관절, 비위, 골반, 골격, 노골적, 약골, 골조, 담력, 대담, 낙담, 위장, 폐활량, 혈기, 혈연, 선혈, 심혈, 환장

비법노트 **9장**

우리 할머니 관절이 쑤시면 날씨가 흐려

살아가려면 숨 쉬고, 잘 먹고, 잘 싸야 해.
우리 몸에는 이런 기능을 하는 여러 기관이 있어.
그 기관들과 관련된 어휘를 배워 볼까?

교통사고를 당한 순간을 떠올리면 지금도 **간담**이 서늘해요.
무릎 **관절**과 갈비뼈를 다쳐서 병원에 입원했거든요.
다행히 몸속 **장기**는 하나도 다치지 않았대요.
한 달은 입원해야 하니까 **근력**이 많이 약해지겠죠?
빨리 낫기 위해서 틈틈이 움직이고 음식도 잘 챙겨 먹으려고요.
저는 **비위**가 좋아서 아무거나 잘 먹으니 걱정하지 않아도 돼요.

장기는 몸속에 있는 여러 기관을 통틀어 이르는 말이야. **내장**이라고도 해. **통틀다**는 하나도 남김없이 합하거나 한데 묶는다는 뜻이야. 몸속에 있는 여러 기관을 한데 묶어 장기라고 부른다는 뜻이겠지?

장기에는 오장육부가 있어. 오장은 간, 심장, 지라, 폐, 신장을 가리키고 육부는 위, 큰창자, 작은창자, 쓸개, 방광, 삼초를 가리켜.

오장 장   그릇 기

> 삼초는 인체의 수분 대사를 관장하는 기관이야.

간담은 간과 쓸개를 뜻하는 말이야. **비유적으로 쓸 때는 속마음**을 뜻하기도 해.

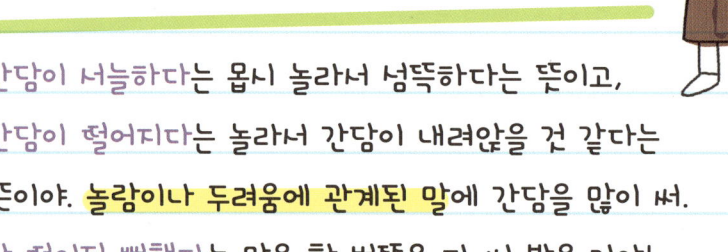

간담이 서늘하다는 몹시 놀라서 섬뜩하다는 뜻이고, 간담이 떨어지다는 놀라서 간담이 내려앉을 것 같다는 뜻이야. **놀람이나 두려움에 관계된 말**에 간담을 많이 써. 간 떨어질 뻔했다는 말을 한 번쯤은 다 써 봤을 거야!

간 간   쓸개 담

근력은 <mark>근육의 힘</mark>이나 일을 할 수 있는 <mark>육체적인 힘</mark>을 뜻해. 비슷한말로 기력, 정력이 있어.

근육의 힘이 떨어지면 균형감각, 민첩성, 순발력 등 모든 몸의 움직임에 어려움을 겪을 수 있어. 그러니 매일 꾸준한 운동으로 근력을 키우는 걸 잊지 마!

힘줄 근 　　힘 력

관절은 뼈와 뼈가 서로 맞닿아 이어지는 부분을 뜻해. 비슷한말로 뼈마디라고도 하지.

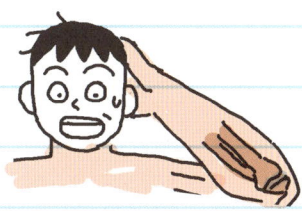

관절 부위를 공처럼 둥글게 해서 관절이 자유롭게 움직일 수 있도록 만든 인형을 구체관절인형이라고 해.

관절은 우리 몸이 활동할 수 있게 해 주는 중요한 부분이야. 그러니까 관절에 좋지 않은 책상다리는 하지 않는 게 좋아!

빗장 관 　　마디 절

비위는 지라와 위를 통틀어 이르는 말이야. **지라**는 위의 왼쪽이나 뒤쪽에 있으며, 오래된 적혈구나 혈소판을 파괴하거나 림프구를 만드는 장기지. 비위는 음식물을 잘 소화시키는 능력이나 아니꼽고 싫은 걸 견디어 내는 마음을 뜻하기도 해.

> 관용어 **비위가 상하다**는 냄새가 강하거나 비린 걸 견디지 못해 토할 것 같을 때 쓰기도 하고, 마음에 들지 않고 기분이 나쁠 때 쓰기도 해.

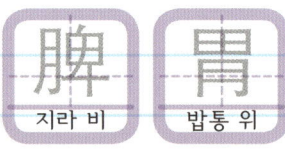
脾 지라 비 胃 밥통 위

함께 알아 두기

✓ **애간장** 초조한 마음속.
→ 오늘 늦게 일어나서 학교에 지각할까 봐 애간장을 태웠어.

✓ **중추** 신경 기관 가운데 신경세포가 모여 있는 부분. 사물의 중심이 되는 중요한 부분.
→ 너는 앞으로 사회에서 중추 역할을 하게 될 사람이야.

✓ **기진맥진하다** 힘을 모두 써서 지쳐 쓰러질 것 같은 상태가 되다.
→ 정신력이 중요해! 마라톤선수들을 봐. 기진맥진한 상태에서도 포기하지 않고 끝까지 달리잖아.

퀴즈

1~3. 다음 설명이 가리키는 말을 써 보자.

1. 뼈와 뼈가 서로 맞닿아 이어지는 부분 → _____
2. 몸속에 있는 여러 기관 → _____
3. 지라와 위를 통틀어 이르는 말 → _____

4~5. 다음 물음에 답해 보자.

4. '오장육부'에서 오장이 아닌 장기는 무엇일까?
   ① 심장   ② 위   ③ 폐   ④ 지라
5. '근력'과 비슷한말을 골라 보자.
   ① 녹력   ② 동력   ③ 정력   ④ 노력

6~7. 다음 문장에 공통으로 들어가는 말을 써 보자.

6. (1) 골목에서 갑자기 고양이가 나와서 _____이 떨어지는 줄 알았어.
   (2) _____이 녹녹해서 몸을 움직일 수조차 없었어.
7. (1) 늦은 밤까지 아빠와 연락이 되지 않아 _____을 태웠지 뭐야.
   (2) 우리나라 선수가 스케이트 경기에서 넘어질까 봐 _____을 졸였어.

67

정답

1. 관절

2. 장기

3. 비위

4. ②

5. ③

6. (1) 골목에서 갑자기 고양이가 나와서 <u>간담</u>이 떨어지는 줄 알았어.

   (2) <u>간담</u>이 서늘해서 몸을 움직일 수조차 없었어.

7. (1) 늦은 밤까지 아빠와 연락이 되지 않아 <u>애간장</u>을 태웠지 뭐야.

   (2) 우리나라 선수가 스케이트 경기에서 넘어질까 봐 <u>애간장</u>을 졸였어.

비법노트 **10**장

나와 언니를 차별하는 게 너무 노골적이야

뼈가 없다면 우리는 서고, 걷고, 움직일 수 없을 거야.
뼈와 관련된 어휘를 배워 볼까?

민주는 늘 **노골적**으로 말해서 문제야.
어느 날은 대놓고 내 **골반**이 너무 크다고 말하는 거야.
화가 났지만 태어날 때부터 **골격**이 튼튼하다는 거니까 좋다고 했지.
약골로 태어나서 병원에 드나드는 것보다는 낫다고 말이야.
건물의 **골조** 공사를 튼튼하게 해야 하는 것처럼 사람도 골격이 튼튼해야 건강하니까!

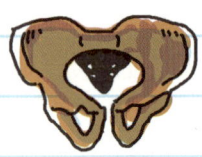**골반**은 허리 아래와 엉덩이 부분을 이루고 있는 뼈를 뜻해. 비슷한말로 골반뼈가 있어.

골은 뼈를 뜻하는 한자야. 그럼 우리가 잘 아는 갈비뼈는 한자어로 무엇일까? 바로 늑골이야. 또 어깨뼈는 한자어로 견갑골이라고 하고, 목뼈는 한자어로 경추라고 해.

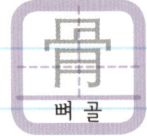 
뼈 골   소반 반

골격은 사물이나 동물의 몸을 이루는 뼈대를 뜻해. 일이나 글 등의 기본이 되는 틀이나 줄거리를 뜻하기도 하지.

쉽게 말하면 골격은 뼈대나 틀을 말하는 거야. 사람도 자동차도 골격이 튼튼해야 해. 쉽게 금이 가거나 부러지면 안 되니까!

골격이 서다라는 관용어를 들어 본 적 있어? 어떤 일을 이루기 위한 기본 줄거리와 틀이 세워진다는 뜻이야.

뼈 골   격식 격

노골적은 숨김없이 모두를 있는 그대로 드러내는 걸 뜻하는 말이야. 노골을 한자 그대로 풀이하면 뼈를 드러낸다는 뜻이야. 그러니까 숨김없이 모두 드러낸다는 뜻이 되겠지?

-적은 그 성격을 띠는, 그에 관계된, 그 상태로 된의 뜻을 더하는 접미사야.

'적'처럼 혼자 쓰이지 않고, 항상 다른 단어에 붙어 새로운 단어를 만드는 걸 **접사**라고 해.
앞에 붙으면 **접두사**고, 뒤에 붙으면 **접미사**지.

露 드러낼 노　骨 뼈 골　的 과녁 적

약골은 몸이 약한 사람이나 약한 골격을 가리키는 말이야. 약골의 반대말은 강골이지. 단단하고 타협하지 않는 성격이나 사람을 뜻해.

우리나라 초등학생들은 체격은 좋지만, 체력은 약골이라고 해. 기본적인 운동능력을 발휘하는 데 필요한 기초체력을 길러야 해.

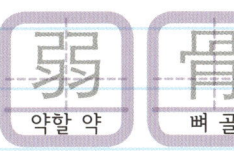
弱 약할 약　骨 뼈 골

골조는 철근과 콘크리트로 만든 건물의 뼈대, 가구나 공예품의 뼈대를 뜻해.

앞에서 골격은 동물이나 사람의 몸을 이루는 뼈대라고 했잖아? 골조는 <mark>건물이나 사물의 뼈대</mark>를 뜻하는 말이야. 구별할 수 있겠지?

집은 골조, 즉 뼈대가 튼튼해야 안전하다고!

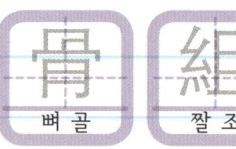
뼈 골   짤 조

함께 알아 두기

✓ **쇄골** 가슴 위쪽 좌우에 있는 한 쌍의 뼈. 빗장뼈라고도 함.
→ 살에 묻혀 있던 쇄골이 이제는 확실히 보여!

✓ **유골** 죽은 사람을 태우고 남은 뼈. 또는 무덤 속에서 나온 뼈.
→ 우리 할머니 유골을 납골당에 모셨어.

✓ **백골** 죽은 사람의 살이 썩은 뒤에 남은 뼈.
→ 동네 뒷동산에서 백골이 발견되었대. 정말 무서워 죽겠어.

퀴즈

1~3. 비슷한 말끼리 연결해 보자.

1. 갈비뼈 •   • 골반뼈
2. 골반   •   • 늑골
3. 빗장뼈 •   • 쇄골

4~5. 다음 빈칸에 알맞은 말을 써 보자.

4. 사람은 _____이 튼튼해야 뼈에 쉽게 금이 가지 않아.
5. 건물은 _____가 튼튼해야 안전하게 오랫동안 살 수 있어.

6. 다음 보기에서 설명하는 말의 반대말을 골라 보자.

<보기> 몸이 약한 사람 또는 약한 골격

① 유골   ② 백골   ③ 강골   ④ 약골

7. 다음 보기의 설명을 참고해 빈칸에 알맞은 말을 써 보자.

<보기> 숨김없이 모두를 있는 그대로 드러내는 것

재영이가 요즘 나를 _____으로 무시하는 것 같아.

정답

1. 갈비뼈 — 늑골
2. 골반 — 골반뼈
3. 빗장뼈 — 쇄골

4. 사람은 <u>골격</u>이 튼튼해야 뼈에 쉽게 금이 가지 않아.

5. 건물은 <u>골조</u>가 튼튼해야 안전하게 오랫동안 살 수 있어.

6. ③

7. 대영이가 요즘 나를 <u>노골적</u>으로 무시하는 것 같아.

 비법노트 **11**장

낙담하지 마!
이제부터 시작이야

날개, 위, 폐 등과 관련한 어휘를 배워 볼 거야.
이렇게 몸속에 있는 여러 기관을 뭐라고 한다고?
맞아! **장기**야.

이모와 함께 등산을 한 적이 있어요.
올라간 산은 바라만 보아도 **낙담**부터 하게 되는 높이였어요.
그런데 이모는 **폐활량**이 뛰어나서인지 전혀 힘들어하지 않더라고요.
조금 험한 길도 성큼성큼 **대담**하게 올라가는 걸 보니 신기했어요.
이모의 **담력**에 감탄할 수밖에 없었지요.
하지만 저는 그런 이모를 따라가느라 **위장**이 뒤집힐 것처럼 너무 힘들었어요.

담력은 겁이 없고 용감한 기운을 뜻하는 말이야.

옛날 사람들은 쓸개가 줏대나 용기를 담당한다고 생각했대. **줏대**는 사물의 가장 중요한 부분 또는 자기의 처지나 생각을 꿋꿋이 지키고 내세우는 성격을 뜻해.

쓸개 빠진 놈이라는 말을 들어 본 적 있어? 관용어인데, 정신을 바로 차리지 못하는 사람을 이렇게 표현하곤 하지. 줏대나 용기를 담당하는 쓸개가 빠졌으니 정신을 차릴 수 없겠지?

쓸개 담

힘 력

대담은 행동이나 성격이 겁이 없고 용감하다는 뜻이야. 비슷한말로 **담대**가 있어.

담이 크면 담력도 크고 더 용감하겠지? 반대로 겁이 많아 대담하지 못하고 지나치게 조심스러운 사람에게는 **소심하다**고 이야기해.

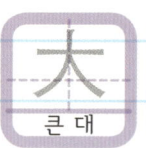
큰 대

쓸개 담

낙담은 어떤 일이 바라던 대로 되지 않아 크게 실망한다는 뜻이야.

담이 떨어진다는 건 용기가 떨어진다는 뜻이야. 일이 뜻대로 되지 않으면 실망을 하게 되고, 그러다 보면 용기를 잃게 되겠지?

우리말 어휘가 어려워서 낙담한 적 있어? 걱정하지 마! 비법노트가 있으니까~

위장은 **위와 창자**를 뜻하는 말이야. 창자는 **큰창자**와 **작은창자**를 가리켜. 큰창자는 **대장**, 작은창자는 **소장**이라고도 해.

위장胃臟은 동음이의어로, **위만 가리키는 말**이야. 위는 입과 식도를 통해 내려온 음식물을 잠시 동안 저장하고, 소화작용을 거쳐 소장으로 내려보내는 역할을 해.

동음이의어는 소리는 같지만 뜻이 다른 어휘를 말해. 앞으로 계속 나올 테니 잘 기억해 둬!

폐활량은 허파 속에 최대한으로 공기를 빨아들였다가 다시 배출하는 공기의 양을 뜻하는 말이야. 쉽게 말하면 허파에 있는 숨의 양이지.

허파와 폐는 같은 장기를 부르는 다른 말이야.

폐활량이 좋은 사람들을 이야기할 때 빠지지 않는 게 마라톤선수, 수영선수야. 오래달리기를 하거나 긴 거리를 수영할 때 폐활량은 무지 중요하거든!

허파 폐   살 활   헤아릴 량

함께 알아 두기

✓ **위산** 위액 속에 들어 있는 산성 물질.
→ 매운 음식을 먹으면 위에서 **위산**이 많이 나온대.

✓ **위장염** 위에 생기는 염증. 또는 그로 인한 병.
→ 상한 음식을 먹어서 그런가? **위장염**에 걸리고 말았어.

✓ **폐결핵** 폐의 조직을 파괴하는 병균이 몸에 들어와 생기는 전염병.
→ 현진건과 이상, 김유정은 모두 **폐결핵**을 앓은 작가야.

1~2. 다음 문장에 알맞은 말을 골라 보자.

1. 준영이는 자기보다 큰 사람과도 대담 / 소심하게 맞서 싸웠어.
2. 혜준이는 덩치만 크지 겁이 많은 담대 / 소심한 성격을 가지고 있어.

3~5. 다음 보기에서 알맞은 말을 찾아 써 보자.

    <보기>   · 담력 · 낙담 · 폐활량

3. 암벽등반은 _____과 체력이 좋아야 해낼 수 있어.
4. 걷기운동을 열심히 하면 _____이 늘어나서 건강에도 좋아.
5. 반장 선거에서 떨어진 영미는 무척 _____했어.

6~7. 다음 보기와 관련 있는 우리 몸의 장기를 써 보자.

6. <보기> · 수영선수 · 허파 · 오래달리기

    → _____

7. <보기> · 위장 · 위산 · 소화작용

    → _____

정답

1. 준영이는 자기보다 큰 사람과도 <u>대담</u>하게 맞서 싸웠어.
2. 혜준이는 덩치만 크지 겁이 많은 <u>소심</u>한 성격을 가지고 있어.
3. 암벽등반은 <u>담력</u>과 체력이 좋아야 해낼 수 있어.
4. 걷기운동을 열심히 하면 <u>폐활량</u>이 늘어나서 건강에도 좋아.
5. 반장 선거에서 떨어진 영미는 무척 <u>낙담</u>했어.

6. 폐
7. 위

 비법노트 **12**장

미치고 환장하고 팔짝 뛰겠어

우리 몸에서 잠시도 쉬지 않고 도는 게 있어! 뭘까?
바로 피야! 피가 멈추는 건 정말 위험한 일이거든.
피와 관련된 어휘를 알아보자.

수술실에서 나온 의사는 **혈기** 없는 창백한 얼굴이었어요.
할아버지를 수술하는 데 **심혈**을 기울였나 봐요.
수술은 잘 끝났으니 걱정하지 말라고 했어요.
그제서야 한숨 돌렸지만, 수술실에 흩어진 **선혈**을 상상하니 오싹했어요.
혈연이 죽는다는 생각만 해도 끔찍했고요.
만약 수술이 잘못됐다면 우리 가족은 **환장**했을 거예요.

혈기는 피의 기운이라는 뜻으로, 힘을 쓰고 활동하게 하는 기운을 의미해. 몹시 흥분하기 쉬운 기운이라는 뜻도 있어.

혈은 피를 뜻하는 한자야. 힘을 쓰게 하는 근원이 피고, 피의 기운이 흥분을 일으킨다는 생각이 재미있지 않아?

너무 흥분하면 얼굴이 빨개지잖아! 워워~ 진정해.

피 혈 기운 기

혈연은 같은 핏줄로 연결된 인연을 뜻하는 말이야.

핏줄은 두 가지 뜻이 있어. **혈관**처럼 몸속에서 피가 흐르는 관을 뜻하기도 하고, **혈통**처럼 같은 조상에서 갈려 나와 혈연관계가 있는 갈래를 뜻하기도 해. 그럼 혈연의 어휘 설명에서는 어떤 뜻으로 쓰인 걸까? 맞아, 혈통의 뜻으로 쓰인 거야!

혈연관계는 부모와 자식, 형제를 기본으로 하는 관계를 말해.

피 혈 인연 연

선혈은 갓 흘러나와 생생하고 붉은색이 선명한 피를 뜻하는 말이야.

유혈은 피를 흘린다 또는 흘러나오는 피라는 뜻이고, **무혈**은 피를 흘리지 않는다는 뜻이야. 피를 흘리는 것보다 흘리지 않고 원하는 바를 얻을 수 있으면 좋겠지?

피가 혈관 밖으로 나오는 것은 **출혈**, 나오던 피가 멎음 또는 나오던 피를 멎게 하는 것은 **지혈**이라고 해.

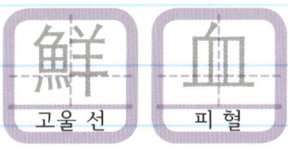
고울 선   피 혈

심혈은 심혈 기능과 같이 심장의 피를 나타내는 말로도 쓰이고, 심혈을 기울이다와 같이 마음과 힘을 다하는 것을 나타내는 말로도 쓰여.

심혈관은 심장의 혈관을 뜻해. **심혈관질환**은 심혈관 이상으로 생기는 병인데 고혈압, 심근경색 등이 있어.

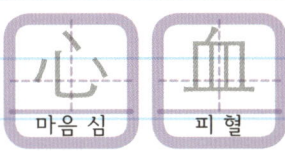
마음 심   피 혈

83

환장은 마음이나 행동이 정상이 아닌 듯한 상태로 달라지는 걸 뜻하는 말이야. 속된 말로 어떤 것에 지나치게 집착하거나 집중해서 정신을 못 차리는 상태를 뜻하기도 해.

장은 창자라는 뜻 외에 **마음이라는 뜻**도 있어. 어떤 일을 계기로 마음을 바꾸게 되면 예전과는 전혀 다른 생각을 하게 될 거야.

속된 말은 정통 어법에서 벗어나는 품위 없는 말이지만 일반 대중에게 널리 쓰이는 어휘를 말해.

바꿀 환   창자 장

함께 알아 두기

✓ **냉혈** 비유적으로 사람의 성격이 인정 없고 냉정함을 뜻함.
→ 얼핏 보면 냉혈 인간 같아도 알고 보면 따뜻한 사람이야.

✓ **단장** 몹시 슬퍼서 창자가 끊어지는 듯함.
→ 자식을 잃은 부모의 마음을 단장이라고 해.

✓ **애끓다** 몹시 답답하거나 안타까워 속이 끓는 듯하다.
→ 부모의 애끓는 마음을 알면 그 녀석도 돌아올 거야.

1~3. 말과 뜻을 바르게 연결해 보자.

1. 유혈 •　　• 피를 흘리지 않음
2. 혈기 •　　• 피의 기운
3. 무혈 •　　• 피를 흘림

4~6. 다음 물음에 답해 보자.

4. 다음 설명이 뜻하는 말을 써 보자.
   (1) 부모와 자식, 형제를 기본으로 하는 관계 → _____
   (2) 같은 조상에서 갈려 나와 혈연관계가 있는 갈래 → _____

5. 다음 중 말의 쓰임이 다른 것을 골라 보자.
   ① 아빠는 종합검진에서 심혈 기능이 약해졌다는 진단을 받았어.
   ② 정미는 미술 숙제를 준비하는 데 심혈을 기울였어.
   ③ 자동차 회사들에서는 자율주행차를 개발하는 데 심혈을 쏟고 있대.
   ④ 삼촌이 평생 심혈을 쏟은 사업이 실패했어.

6. 다음 보기의 빈칸에 알맞은 말을 골라 보자.
   <보기> 전쟁터에서 아들이 죽었다는 소식에 _____을 안 할 수 없지.
   ① 단장　　② 환장　　③ 냉혈　　④ 혈관

85

1. 유혈 • ———————— • 피를 흘리지 않음
2. 혈기 • ———————— • 피의 기운
3. 무혈 • ———————— • 피를 흘림

4. (1) 혈연관계
   (2) 혈통

5. ①

6. ②

생리현상

맥, 박동, 반사, 혼수, 수축, 허기, 갈증, 긴장, 수면, 메스껍다, 경련, 오한, 분비, 진저리, 홍조, 성징, 생리, 신진대사, 섭취, 배설

비법노트 **13**장

왜 심장박동이 빨라질까?

우리 몸에서는 먹고, 싸고, 자고, 숨 쉬는 등 다양한 일이 일어나.
이런 일들을 생리현상이라고 해.
여기서는 생리현상과 관련된 어휘를 배워 볼 거야.

할머니는 병원에 입원한 지 얼마 되지 않아 **혼수**상태에 빠지셨어요.
나중에 부모님에게 들으니 갑자기 심장**박동**이 약해지셨다고 해요.
그래서인지 **맥**도 거의 잡히지 않았고요.
의사들이 눈에 불빛을 비춰도 동공은 **수축**하지 않았대요.
반사작용까지 없어지자 할머니는 깊은 잠에 든 것처럼 보였다고 해요.

맥은 심장의 박동으로 심장에서 나오는 피가 얇은 피부에 분포되어 있는 동맥의 벽에 닿아서 생기는 주기적인 파동을 뜻해. 비슷한말로 맥박이 있어. 맥박의 빠르기나 강하고 약함 등으로 심장의 상태를 알 수 있지.

맥은 기운이나 힘을 뜻하기도 하고, 사물 등이 서로 이어져 있는 관계나 연관을 뜻하기도 해. 긴장되는 순간이 지나가자 맥이 탁 풀렸어, 전통 춤의 맥이 끊겼어와 같이 말해.

맥 맥

박동은 장기의 규칙적인 수축 운동을 말하기도 하고, 맥박이 뛴다는 말이기도 해.

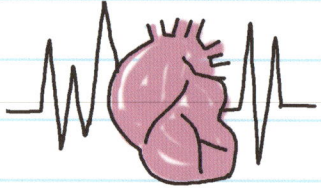

고동은 피가 주기적으로 돌게 하기 위해 심장이 뛰는 운동을 말하고, 박동은 심장에서 맥박이 뛰는 운동을 말하는 거야.

의학 드라마에서 의사가 다른 의사에게 환자의 심박 상태를 물어보는 장면이 나오곤 해. 심박은 심장박동을, 심박수는 심장박동 수를 줄여 이르는 말이야.

칠 박   움직일 동

반사는 자신의 의지와는 관계없이, 자극에 대해 일정한 반응을 기계적으로 일으키는 현상을 뜻하는 말이야.

> 친구가 너에게 욕을 하면 그냥 쿨하게 "반사"라고 외쳐!

동물이 학습으로 익히는 <mark>후천적인 반응 방식</mark>을 조건반사라고 하고, 동물이 가지고 있는 자극에 대한 <mark>선천적인 반응 방식</mark>을 무조건반사라고 해.

일정한 방향으로 나아가던 파동이 다른 물체의 표면에 부딪쳐서 나아가던 방향을 반대로 바꾸는 현상도 **반사**라고 해.

돌이킬 반

쏠 사

혼수는 의식을 잃고 인사불성이 되는 일을 뜻해. 비슷한말로 혼수상태라고도 하지. 혼수상태에 빠지면 부르거나 흔들어 깨워도 정신을 차릴 수 없고, 외부의 반응이나 반사작용도 거의 할 수가 없어.

> 자기 몸에 벌어지는 일을 모를 만큼 정신을 잃은 상태를 인사불성이라고 해.

정신없이 잠들었을 때도 **혼수**라는 표현을 쓰기는 하지만, 주로 의학용어로 많이 쓰여.

어두울 혼

잘 수

수축은 근육이 줄어들거나 오그라드는 걸 뜻하는 말이야. 근육과 심장은 수축과 **이완**을 해.

부피나 규모가 줄어드는 것도 **수축**이라고 해. 이때 수축의 반대말은 **팽창**이야. 부피나 수량, 범위, 세력 등이 커지거나 크게 발전하는 것을 뜻하지.

거둘 수   오그라들 축

함께 알아 두기

✔ **호흡** 숨을 쉬는 일이나 그 숨. 함께 일하는 사람들과 조화를 이루는 일이나 그 조화.
→ 호흡을 잘 맞춰서 한 골 꼭 넣자!

✔ **이완** 굳어서 뻣뻣하게 된 근육 따위가 원래의 상태로 풀어짐. 바짝 조였던 정신이나 분위기가 풀림.
→ 갑자기 긴장이 이완되어서 그런지 자꾸 하품이 나와.

✔ **생기** 싱싱하고 힘찬 기운.
→ 너는 항상 생기가 넘쳐서 좋아.

1. 말과 뜻이 잘못 연결된 것을 골라 보자.

   ① 생기 - 싱싱하고 힘찬 기운
   ② 혼수 - 잠을 잘 이루지 못함
   ③ 호흡 - 숨을 쉬는 일이나 그 숨
   ④ 고동 - 심장이 뛰는 운동

2. 다음 빈칸에 공통적으로 들어가는 말을 써 보자.

   (1) 환자의 _____이 정상으로 돌아왔어.
   (2) 절친인 영민이와 준호는 대화의 _____이 끊기지 않아.

3~4. 다음 보기를 참고해 알맞은 답을 써 보자.

   <보기> ① 신 음식을 보면 침이 고이는 현상
   　　　 ② 무릎을 나무망치로 때리면 저절로 다리가 올라가는 현상

3. ①과 같이 동물이 학습으로 익히는 후천적 반응 방식 → _____

4. ②와 같이 동물이 가지고 있는 자극에 대한 선천적 반응 방식 → _____

5~6. 다음 빈칸에 알맞은 말을 써 보자.

5. 우리 몸의 근육은 줄어들거나 오그라드는 _____을 해.

6. 긴장 상태에서 벗어나니까 이제야 근육이 _____되는 것 같아.

정답

1. ②

2. (1) 환자의 <u>맥</u>이 정상으로 돌아왔어.

   (2) 절친인 영민이와 준호는 대화의 <u>맥</u>이 끊기지 않아.

3. 조건반사

4. 무조건반사

5. 우리 몸의 근육은 줄어들거나 오그라드는 <u>수축</u>을 해.

6. 긴장 상태에서 벗어나니까 이제야 근육이 <u>이완</u>되는 것 같아.

비법노트 **14**장

긴장이 풀리고 나니 잠이 쏟아져

생리현상과 관련된 말들을 계속 배워 볼 거야.
기지개를 크게 한번 켜고 **긴장**을 푼 다음에 따라와!

수학경시대회 날이 밝자 **긴장**되기 시작했어요.
어젯밤에 **수면**도 제대로 취하지 못했어요.
시험장에 들어가기 직전에는 속까지 **메스껍더라고요**.
막상 시험장에서는 문제에 집중하느라 아무것도 느끼지 못했죠.
시험장을 나오고 나서야 **갈증**이 느껴져 물부터 마셨어요.
물을 마시고 나니 이번엔 **허기**가 몰려와 식당에서 밥을 먹었어요.

허기는 배가 몹시 고픈 느낌을 말해. **시장**도 배가 고프다는 뜻을 지닌 어휘야. **시장이 반찬**이라는 관용어가 자주 쓰이지.

공복은 배 속이 비어 있는 상태, **공복감**은 배 속이 빈 듯한 느낌을 말해.

배 속과 뱃속은 달라도 한참 다른 말이야. **배 속**은 말 그대로 배 안을 뜻하는 말이지만, **뱃속**은 마음을 속되게 이르는 말이야. 엄마 배 속에 동생이 자라고 있어라고 할 때 뱃속이라고 하면 안 되겠지? 띄어쓰기 하나로도 뜻이 달라질 수 있다는 걸 명심해!

빌 허

주릴 기

갈증은 목이 말라 물이 마시고 싶어지는 느낌을 뜻하는 말이야. 비슷한말로 **갈급증**이 있어.

이루거나 얻지 못한 것을 간절히 원하는 마음을 이야기할 때도 **갈증**을 써.

증은 증세라는 뜻을 지닌 한자야. 그러니 의학용어에 많이 등장하겠지? **증상, 염증, 건망증**처럼 말이야.

목마를 갈

증세 증

긴장은 근육이나 신경중추의 지속적인 수축, 흥분 상태를 뜻하는 말이야. **마음을 놓지 않고 정신을 바짝 차린다**는 뜻도 있어. 근육이나 신경세포가 모여 있는 신경 중추가 수축되어 흥분 상태니 정신을 바짝 차릴 수밖에 없겠지?

초긴장은 더할 수 없을 정도로 매우 긴장한다는 뜻이야. 어떤 범위를 넘어선 또는 정도가 심하다는 뜻을 더하는 접두사는 **초-**야. **초강력**, **초강대국**, **초능력** 등에 쓰였지.

팽팽할 긴 / 베풀 장

수면은 잠을 자는 일을 뜻해. 비유적으로 활동을 쉬는 상태를 뜻하기도 해.

잠에는 여러 종류가 있어. 깊이 들지 않는 잠은 **선잠** 또는 **풋잠**이라고 해. 밤에 자는 잠은 **밤잠**, 아침에 늦게까지 자는 잠은 **늦잠**, 잠에서 깼을 때 기분이 상쾌할 만큼 아주 깊이 든 잠은 **단잠**이야.

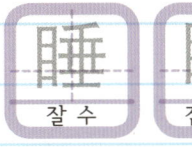
잘 수 / 잠잘 면

새우잠은 새우 등처럼 구부리고 불편하게 자는 잠이야.

메스껍다

메스껍다는 토할 것처럼 속이 몹시 울렁거리는 느낌이 있다는 뜻의 형용사야. 태도나 행동 등이 못마땅해 기분이 몹시 좋지 않다는 뜻도 있어.

> 그럼 **매스껍다**는 틀린 말일까? 아니야. 메스껍다와 같이 옳은 말이야. **메스껍다가 매스껍다보다 좀 더 큰 느낌**을 나타내는 표현이야. 더욱더 토할 것 같고, 울렁거린다는 거겠지?

사람이나 사물의 성질이나 상태를 나타내는 품사는 **형용사**야.

함께 알아 두기

✓ **식은땀** 몸이 약할 때 덥지 않아도 나는 땀. 매우 긴장하거나 놀랐을 때 흐르는 땀.
→ 무서운 이야기를 들으면 온몸에 식은땀이 흘러.

✓ **결핍** 있어야 할 것이 없어지거나 모자람.
→ 한국인 10명 중 9명이 비타민 D 결핍이래.

✓ **녹초** 맥이 풀어져 힘을 못 쓰는 상태.
→ 체육대회를 치른 날은 밤에 녹초가 되어 쓰러져.

퀴즈

1~3. 다음 보기에서 알맞은 말을 찾아 써 보자.

<보기>   • 긴장   • 식은땀   • 허기

1. 점심을 굶었더니 _____가 져서 움직이지 못하겠어.
2. 골목에서 크고 무서운 개를 보자 몸에서 _____이 흘렀어.
3. 시험 전날에 너무 _____했는지 속이 메스꺼웠어.

4. 다음 보기의 '증'과 같은 한자가 쓰이지 않은 말을 골라 보자.

<보기> 갈증 → 목마르다 갈 + 증세 증

① 증상   ② 염증   ③ 건망증   ④ 증명서

5~8. 말과 뜻을 바르게 연결해 보자.

5. 밤잠   •   • 깊이 들지 않은 잠
6. 선잠   •   • 밤에 자는 잠
7. 단잠   •   • 아침 늦게까지 자는 잠
8. 늦잠   •   • 아주 깊이 든 잠

정답

1. 점심을 굶었더니 <u>허기</u>가 져서 움직이지 못하겠어.

2. 골목에서 크고 무서운 개를 보자 몸에서 <u>식은땀</u>이 흘렀어.

3. 시험 전날에 너무 <u>긴장</u>했는지 속이 메스꺼웠어.

4. ④

5. 밤잠 — 깊이 들지 않은 잠
6. 선잠 — 밤에 자는 잠
7. 단잠 — 아침 늦게까지 자는 잠
8. 늦잠 — 아주 깊이 든 잠

비법노트 15장

너만 보면 내 얼굴이 홍조를 띠게 돼

어떤 상황에 놓이게 되면 우리 몸에서는 여러 반응이 일어나. 이번에는 그와 관련된 어휘를 살펴볼 거야!

추운 날 밖에서 한참을 있었던 탓인지 심한 몸살을 앓았어요.
처음에는 팔에 가벼운 **경련**이 일어나더니 온몸이 불덩이가 되었어요.
열이 올라서 얼굴은 **홍조**를 띠었지요.
몸은 **오한** 때문에 오슬오슬 떨렸고요.
한숨 푹 자고 나니 제가 **분비**한 땀으로 이불이 흠뻑 젖었더라고요.
몸살이라면 **진저리**가 나서 다시는 앓고 싶지 않아요.

경련은 근육이 갑자기 움츠러들거나 떨리는 증상을 뜻하는 말이야.

경련은 몸 전체에서 일어나는 것과 부분적으로 일어나는 것, 오래 계속되는 것과 간격을 두고 되풀이하는 것이 있어.
경련의 원인에는 뇌전증, 히스테리, 뇌종양, 중독 등이 있대. 경련이 일어나면 몸에 이상이 있다는 신호일 수 있으니까 병원에 가 봐야 해.

심줄 당길 경

맬 련

오한은 몸이 오슬오슬 춥고 떨리는 증상을 뜻해. 비슷한말로 **오한증**이라고도 해.

사람이나 사물의 모양이나 움직임을 흉내 낸 말을 **의태어**라고 해! **오슬오슬**은 몹시 무섭거나 추워서 자꾸 몸이 움츠러들거나 소름이 끼치는 모양을 흉내 낸 의태어야.

높은 열과 함께 일어나는 오한은 단순히 추운 느낌과는 달라. 여러 원인 때문에 일어나는 생리적 반사 반응의 하나이니까 절대 가볍게 넘겨서는 안 돼.

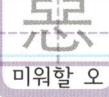
미워할 오

찰 한

분비는 세포에서 만들어진 액체를 세포 밖으로 내보내는 걸 뜻하는 말이야.

우리 몸에서는 땀이나 호르몬이 계속 분비돼. 키를 크게 해 주는 성장호르몬은 밤에 푹 자야 분비가 잘 된대.

 나눌 분
 샘물 졸졸 흐를 비

흠, 키 크려면 어서 자야겠어…. 지금 시각은 오후 네 시!

진저리는 차가운 것이 몸에 닿거나 무서움을 느낄 때에 또는 오줌을 눈 뒤에 으스스 몸이 떨리는 걸 가리키는 말이야. 주로 진저리를 치다, 진저리가 난다와 같이 써.

몹시 싫거나 괴롭거나 끔찍할 때 몸을 떠는 걸을 진저리 또는 속된 말로 진절머리라고 하고, 여러 번 반복되어서 생각만 해도 끔찍할 정도로 몹시 귀찮거나 싫은 생각을 넌더리 또는 속된 말로 넌덜머리라고 해. 상황에 맞는 어휘를 사용하는 건, 잊지 마!

홍조는 부끄럽거나 취해 붉어지거나 또는 그런 빛을 뜻하는 말이야. 아침 해가 바다에 비치어 붉게 물든 경치도 홍조라고 해.

부끄럽거나 취했을 때 얼굴이 붉어지는 건 자연스러운 거야. 하지만 아무 이유 없이 얼굴이 붉어진다면 병원에 가 보는 게 좋아. 이러한 증상을 **안면홍조** 혹은 **안면홍조증**이라고 해.

 붉을 홍  조수 조

함께 알아 두기

- ✓ **기절** 심하게 놀라거나 충격을 받아 일시적으로 정신을 잃고 쓰러짐. 갑자기 몹시 놀람.
  → 동생이 다쳤다는 소식에 엄마가 **기절**을 하셨어.
- ✓ **아연실색** 얼굴빛이 변할 정도로 몹시 놀람.
  → 뻔뻔한 범인의 태도에 사람들은 **아연실색**했다.
- ✓ **소름** 무섭거나 춥거나 징그러울 때 피부가 오므라들며 좁쌀 같은 것이 돋는 것.
  → 공포영화를 보면 난 항상 팔에 **소름**이 돋아.

퀴즈

1. 다음 보기의 원인 때문에 일어나는 증상을 써 보자.

<보기>　•뇌전증　•히스테리　•뇌종양　•중독

2~4. 다음에서 밑줄 친 말을 뜻을 참고해 고쳐 보자.

> 시험이라는 말만 들어도 2. <u>넌더리가 나</u>. 답을 밀려 써서 전부 틀리는 꿈까지 꾸었어. 일어나니 3. <u>배설된 땀</u> 때문에 침대가 젖을 정도였지. 생각만 해도 온몸에 4. <u>좁쌀이 돋아</u>.

2. 몹시 싫거나 괴롭거나 끔찍할 때 몸을 떠는 건 → _____
3. 세포에서 만들어진 액체를 세포 밖으로 내보내는 건 → _____
4. 무섭거나 추울 때 피부가 오므라들며 좁쌀 같은 것이 돋는 건 → _____

5~6. 다음 설명을 참고해 빈칸에 알맞은 말을 써 보자.

5. 부끄럽거나 취해 붉어짐: 민준이를 좋아하는 수민이는 눈이 마주치자 얼굴에 _____ 가 떠올랐어.
6. 몸이 오늘오늘 춥고 떨림: 감기에 걸려서 밤내 열과 으스스한 _____ 에 시달렸어.

105

정답

1. 경련

2. 진저리

3. 분비

4. 소름

5. 민준이를 좋아하는 수민이는 눈이 마주치자 얼굴에 홍조가 떠올랐어.

6. 감기에 걸려서 밤새 열과 으스스한 오한에 시달렸어.

 비법노트 **16**장

골고루 먹어야 필요한 영양분을 섭취할 수 있어

생리현상과 관련한 작용을 알아볼 거야!
어휘도 익히고, 우리 몸에 대해서도 배울 수 있는 이런 상황을
'일석이조'라고 해!

사람은 사춘기가 되면 2차 **성징**을 시작해요.
누구나 겪는 자연스러운 **생리**현상이에요.
이때는 충분하고 균형 잡힌 영양을 **섭취**해야 해요.
그래야 몸에 필요한 물질이나 에너지를 만들어 낼 수 있거든요.
반면에 필요 없는 물질은 **배설**해 내고요.
몸속의 **신진대사**가 잘 이루어질 수 있도록 하는 거랍니다.

성징은 남과 여 또는 수컷과 암컷을 구별하는 형태, 구조, 행동과 관련된 특징을 말해.

> 태어나면서부터 가지는 외부생식기의 타입을 1차성징이라고 해. 청소년기에 성호르몬의 분비가 많아지면서 남성 또는 여성으로서 신체적 특징이 나타나는 것은 2차성징이라고 하지.

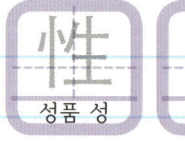
성품 성

부를 징

생리는 생물의 목숨을 이어 나가기 위해 몸이 기능하거나 작용하는 원리라는 뜻이야. 좀 더 좁은 의미로는 성숙한 여성의 자궁에서 주기적으로 출혈하는 생리현상을 뜻해. 비슷한말로 월경이나 달거리가 있어.

> 생리는 사람의 생활 습관이나 본성을 뜻하기도 해. 십 대의 생리를 잘 이해해 주는 선생님과 같이 쓰이지.

날 생

다스릴 리

너희 부모님은 십 대의 생리를 잘 이해해 주시니?

신진대사는 생물체가 섭취한 영양물질을 몸 안에서 분해하고 합성해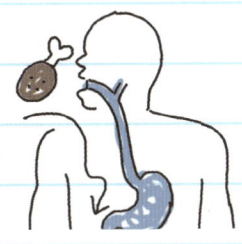
몸에 필요한 물질이나 에너지를 만들고, 불필요한 물질을 몸 밖으로 내보내는 작용을 뜻해. 비슷한말로 **대사** 또는 **물질대사**라고도 해.

> 비타민 B는 신진대사를 촉진하는 데 도움을 주고, 비타민 D는 칼슘 대사와 면역력에 도움을 준대. 그러니 골고루 잘 먹고, 적당한 운동을 하는 게 건강에 도움이 되겠지?

섭취는 생물체가 영양분 등을 몸속에 빨아들이는 일을 뜻해. 좋은 문화나 지식을 받아들인다는 뜻으로도 쓰여.

> 신진대사가 잘 이루어지려면 우선 영양분을 잘 섭취해야 하겠지? **영양분**은 영양이 되는 성분을 뜻하는 말로, **양분** 또는 **자양분**이라고도 해.

배설은 생물체가 영양소를 섭취한 후 생긴 노폐물을 콩팥이나 땀샘을 통해 몸 밖으로 내보내는 일을 뜻해. 섭취 못지않게 배설도 중요해.

> 똥을 싸는 건도 배설이냐고? 아니야. 그럼 배설과 배출의 차이가 뭘까? 노폐물을 날숨이나 땀, 오줌으로 내보내는 건은 배설이라고 하고, 소화되지 않은 음식물의 찌꺼기를 대변의 형태로 내보내는 건은 배출이라고 해!

함께 알아 두기

✓ **요의** 오줌이 마려운 느낌.
→ 갑자기 요의를 느껴서 달음박질쳐서 집에 왔어.

✓ **생식** 생물이 자기와 닮은 개체를 만들어 종족을 유지함. 또는 그런 현상.
→ 생식 본능 때문에 종족이 유지될 수 있는 거야.

✓ **노폐물** 생물의 몸에 들어온 여러 물질 중 필요한 건을 흡수해 쓰고 남은 찌꺼기.
→ 땀은 우리 몸속 노폐물을 밖으로 내보내는 것뿐만 아니라 체온조절도 해 줘.

1~2. 다음 빈칸에 알맞은 말을 써 보자.

1. 노폐물을 땀과 오줌으로 내보내는 건 _____이라고 해.
2. 소화되지 않은 음식물 찌꺼기를 대변으로 내보내는 건 _____이라고 해.

3~5. 다음 설명이 가리키는 말을 써 보자.

3. 생물체가 영양분 등을 몸속에 빨아들이는 일 → _____
4. 오줌이 마려운 느낌 → _____
5. 남과 여, 또는 수컷과 암컷을 구별하는 특징 → _____

6~7. 다음 설명이 뜻하는 말을 쓰고, 그 말과 비슷한말을 써 보자.

6. 생물체가 섭취한 영양물질을 몸 안에서 분해하고 합성해 몸에 필요한 물질이나 에너지를 만들고, 불필요한 물질을 몸 밖으로 내보내는 작용
   • 뜻하는 말: _____   • 비슷한말: _____
7. 영양이 되는 성분
   • 뜻하는 말: _____   • 비슷한말: _____

111

정답

1. 노폐물을 땀과 오줌으로 내보내는 건 <u>배설</u>이라고 해.

2. 소화되지 않은 음식물 찌꺼기를 대변으로 내보내는 건 <u>배출</u>이라고 해.

3. 섭취

4. 요의

5. 성징

6. • 뜻하는 말: <u>신진대사</u>   • 비슷한말: <u>대사 또는 물질대사</u>

7. • 뜻하는 말: <u>영양분</u>   • 비슷한말: <u>양분 또는 자양분</u>

감각과 느낌

감지, 체감, 촉감, 예감, 전율, 구미, 감칠맛, 경청, 총명, 환청, 시점, 목격, 허상, 명시, 착시, 누린내, 악취, 역하다, 퀴퀴하다, 젖비린내

비법노트 **17**장

내 예감은 틀린 적이 없어

우리가 느끼는 다양한 감각과 관련된 어휘를 배워 볼 거야!
어때, 감이 오지 않아?

> 밤새 나쁜 꿈에 시달리다가 저를 깨우는 엄마의 손길을
> **감지**하고 놀라며 깼어요.
> 오늘 따라 엄마 손의 **촉감**이 차가워서 이상했거든요.
> 왠지 하루 종일 운수가 나쁠 것 같은 **예감**이 들었어요.
> 아니나 다를까, 등굣길에 건물에서 제 앞으로 화분이 떨어졌지
> 뭐예요.
> 다치지는 않았지만 그 순간 **체감**온도가 확 내려갔어요.
> 너무 놀라 **전율**이 느껴질 정도였어요.

감지는 느껴서 안다는 뜻이야. 후방 감지, 화재 감지, 감지 능력과 같이 쓰여.

감지기는 소리, 빛, 온도 등의 발생이나 변화를 알아내는 기계장치를 말해.

느낄 감   알 지

체감은 외부로부터 오는 자극을 몸으로 직접 느낀다는 뜻이야. 내장의 여러 기관이 자극을 받아 어떤 감각을 느낀다는 뜻도 있어. 배고픔, 목마름과 같은 감각을 느끼는 거지.

체감온도는 사람이 몸으로 느끼는 더위나 추위를 온도, 습도, 풍속, 일사량, 복사 등을 바탕으로 계산해 수치로 나타낸 거야. 불쾌지수도 체감온도라고 할 수 있어.

오늘 체감온도는 40도는 되는 것 같아! 헉헉…

몸 체   느낄 감

촉감은 어떤 자극이 피부감각을 통해 전해지는 느낌을 뜻하는 말이야. 비슷한말로 **감촉**이라고도 해.

물건이 피부에 닿아서 느껴지는 감각도 **촉감** 또는 **촉각**이라고 해. 고통스러운 감정이 따르는 감각인 **통각** 등을 가리키지.

오감은 **시각**, **청각**, **후각**, **미각**, **촉각**의 다섯 가지 감각을 말해.

닿을 촉

느낄 감

예감은 어떤 일이 일어나기 전에 무슨 일이 생길 것 같은 느낌을 미리 느낀다는 뜻이야. 비슷한말로 **예각**이 있어.

예지는 어떤 일이 일어나기 전이 미리 안다는 뜻이야. **예감은 느낌이지만 예지는 능력이지!**

까—악
까—악

미리 예

느낄 감

오늘은 왠지 예감이 안 좋아….

117

전율은 몹시 무섭거나 두려워 몸이 벌벌 떨린다는 뜻이야.
비유적으로는 <mark>몸이 떨릴 정도로 감격스럽다</mark>는 뜻으로 쓰이지.

벌벌은 추위, 두려움, 흥분으로 몸이나 몸의 일부분을 크게 자꾸 떠는 모양을 뜻하는 부사야. **부사**는 다른 말 앞에 놓여 그 뜻을 분명하게 하는 품사야. **매우, 가장, 과연** 등이 있어.

몸을 떤다는 의미를 가진 어휘 중 몸서리치다와 소스라치다가 있어.
몸서리치다는 몹시 싫거나 무서워서 몸이 떨린다는 뜻이고,
소스라치다는 깜짝 놀라서 몸을 갑자기 떠는 듯이 움직인다는 뜻이야.

함께 알아 두기

- ✓ **접촉** 서로 맞닿음.
  → 감기에 걸렸을 때는 친구하고도 **접촉**을 피하는 게 좋아.
- ✓ **촉발** 어떤 것이 닿거나 부딪쳐서 폭발하거나 그렇게 폭발시킴.
  → 이곳에 가스가 가득 차 있어도 **촉발** 장치가 없으면 폭발하지 않아.
- ✓ **감격** 마음에 깊이 느껴 크게 감동함. 또는 그 감동.
  → 지우는 응원하던 농구팀이 우승하자 크게 **감격**했어.

퀴즈

1~2. 다음 보기의 말을 문맥에 맞게 바꾸어 써 보자.

<보기> 1. 몸서리치다   2. 소스라치다

1. 주현이는 벌레만 보면 소리 지르며 _____ 정도로 싫어해.
2. 한밤중에 울린 화재경보기 소리에 _____ 놀라며 깼어.

3~5. 다음 밑줄 친 말을 알맞은 말로 바꿔 보자.

3. 아침부터 거울을 깨뜨리다니, 불길한 예지가 들어.
4. 오늘 감지 온도는 날씨보다 5도 이상 높은 것 같아.
5. 전염병이 유행할 때는 사람들과의 촉발을 피하는 게 좋아.

6~7. 다음 설명하는 말과 비슷한말을 써 보자.

6. 어떤 것이 피부에 닿아서 생기는 느낌 → _____
7. 어떤 일이 일어나기 전에 무슨 일이 생길 것 같은 느낌을 미리 느끼는 것
   → _____

8. 시각, 청각, 후각, 미각, 촉각의 다섯 가지 감각을 가리키는 말을 써 보자.

정답

1. 주현이는 벌레만 보면 소리 지르며 <u>몸서리칠</u> 정도로 싫어해.
2. 한밤중에 울린 화재경보기 소리에 <u>소스라치게</u> 놀라며 깼어.
3. 아침부터 거울을 깨뜨리다니, 불길한 <u>예감</u>이 들어.
4. 오늘 <u>체감</u>온도는 날씨보다 5도 이상 높은 것 같아.
5. 전염병이 유행할 때는 사람들과의 <u>접촉</u>을 피하는 게 좋아.

6. 감촉 또는 촉각
7. 예감

8. 오감

비법노트 18장

내 말 좀 경청해 줄래?

미각, 청각과 관련된 어휘를 배울 차례야.
어때, 구미가 당기지 않아?

오늘 아침에는 아빠가 **감칠맛** 나는 김치찌개를 만들어 주셨어요.
냄새부터 저의 **구미**를 확 당겼어요.
두뇌가 **총명**해지는 약이라며 영양제도 챙겨 주셨죠.
그리고는 아빠의 잔소리가 시작되었어요.
수업 시간에 선생님 말씀을 **경청**하고 열심히 공부하라고요.
이제는 너무 많이 들어서 **환청**까지 들릴 지경이에요.

구미는 음식을 먹을 때 입에서 느끼는 맛에 대한 감각이라는 뜻이야. 비슷한말은 입맛이야.

구미는 관용어로 많이 쓰고 있어. 구미가 당기다는 욕심이나 관심이 생기다라는 뜻이고, 구미가 동하다는 무엇을 탐지하고 싶은 마음이 생기다, 구미를 돋우다는 관심을 가지게 하다는 뜻의 관용어야. 그러니까 어떤 물건이나 사실에 대해 좋아하는 마음이나 끌리는 마음을 가리켜.

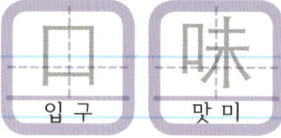

口 입 구　味 맛 미

감칠맛은 맛있는 음식을 먹고 난 뒤에 입에 남는 아주 좋은 느낌이라는 뜻도 있고, 감동을 주어 사람의 마음을 끌어당긴다는 뜻도 있어.

비법노트는 참 감칠맛 나는 책이야^^

기본적인 맛은 짠맛, 신맛, 단맛, 쓴맛 네 가지이지만 감칠맛은 이 네 가지로는 표현할 수 없는 맛이기 때문에 기본 맛에 더하는 경우도 있어. 매운맛과 떫은맛은 입안의 자극을 통해서 전달되는 맛이야.

경청은 다른 사람이 말하는 걸 귀를 기울여 듣는다는 뜻이야.

상대방을 설득하는 최고의 방법은 바로 경청이야. 상대방의 말에 귀를 기울이면 상황을 정확히 이해하고, 적절한 제안을 할 수 있어. 신뢰감도 주기 때문에 상대방도 너의 말에 귀를 기울여 줄 거야.

기울 경

들을 청

총명은 보거나 들은 것을 오래 기억하는 힘이 있다는 뜻이야. 아주 영리하고 재주가 있다는 뜻으로도 쓰여.

총명의 한자 뜻풀이를 잘 봐. 귀와 눈이 밝으니까 잘 배워서 오래 기억할 수 있겠지?

聰 밝을 총   明 밝을 명

17×19 =323
13×16 =208

나는 총명하다는 말을 종종 들어~

123

환청은 실제로 나지 않는 소리가 마치 들리는 것처럼 느껴지는 환각 현상을 뜻하는 말이야.

눈, 귀, 코, 입 등의 감각기관을 자극하는 외부 자극이 없는데도 마치 어떤 사물이 있는 것처럼 느껴지는 것을 환각이라고 해.
환각에는 환청, 환시, 환후, 환미 등이 있어.

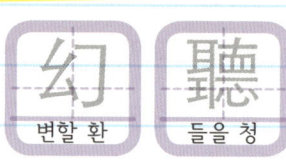

幻 변할 환
聽 들을 청

함께 알아 두기

✓ **알알하다** 맵거나 독해서 혀끝이 약간 찌르는 듯이 아프고 쏘는 느낌이 있다.
→ 매운 고추를 먹으면 혀끝이 알알해.

✓ **맛깔** 음식의 맛.
→ 외할머니가 만들면 어떤 음식이든 항상 맛깔이 나.

✓ **풍미** 음식의 고급스러운 맛.
→ 지난 주말에 간 한정식 집 음식은 정갈하면서도 풍미가 있었어.

퀴즈

1~3. 다음 물음에 답해 보자.

1. 다음 보기의 설명을 참고해 빈칸에 알맞은 말을 써 보자.

   <보기> 음식물이 입에 당기는 맛. 마음을 끌어당기는 힘

   아빠가 만들어 주시는 볶음밥은 _____이 나.

2. 기본적인 맛에 들어가지 않는 것을 골라 보자.

   ① 짠맛　　② 신맛　　③ 매운맛　　④ 쓴맛

3. 다음 중 말의 쓰임이 다른 건을 골라 보자.

   ① 스타가 될 생각을 하니 오디션 프로그램에 구미가 당겼어.
   ② 집 안에 풍기는 불고기 냄새가 식구들의 구미를 돋게 했어.
   ③ 새로 나온 컴퓨터를 보니 구미가 동했어.
   ④ 인터넷에서 본 예쁜 옷의 값이 적당해서 구미가 생겼어.

4~5. 다음 문장의 내용이 가리키는 말을 골라 보자.

4. 분명 전화 온 적이 없는데, 왜 휴대전화 벨소리가 계속 들리는 것 같지?

   ① 환청　　② 환각　　③ 환시　　④ 환후

5. 된장찌개에 든 매운 고추를 먹었더니 혀가 아파.

   ① 맛깔　　② 풍미　　③ 얼얼하다　　④ 입맛

1. 아빠가 만들어 주시는 볶음밥은 감칠맛이 나.

2. ③

3. ②

4. ①

5. ③

 비법노트 **19**장

내 눈으로 직접 목격했어

눈을 통해 보는 것과 관련된 어휘를 배워 볼 거야.
다들 집중해서 볼 준비되었지? 출발!

전 세계에는 UFO를 **목격**했다고 주장하는 사람들이 많아요.
대부분은 증거가 없으므로 **허상**이라고 이야기해요.
아니면 잘못 본 **착시**현상이라고도 하고요.
비행기나 전투기를 **시점**에 따라 UFO라고 착각한 것일지도 몰라요.
그런데 어떤 나라들의 공식 정부 보고서에는 UFO를 원반형 물체라고 **명시**했대요.
실제로 있다면 언젠가 외계인을 만나 보고 싶어요.

127

시점은 어떤 대상을 볼 때에 시력의 중심이 가 닿는 점을 뜻하는 말이야.

소설에서 이야기를 적는 방식이나 관점도 **시점**이라고 해. 소설 속에서 이야기를 들려주는 사람이 '나'인 일인칭과 '그'인 삼인칭이 있어.

볼 시 / 점찍을 점

어떠한 것이 처음으로 일어나거나 시작되는 곳을 **시점**始點이라고 하는데 동음이의어야.

목격은 어떤 일이나 일이 벌어진 현장 등을 눈으로 직접 본다는 뜻이야.

눈으로 직접 보는 건이 목격이고, 직접 본 사람은 **목격자**야. 그리고 직접 본 건에 대한 이야기는 **목격담**이지.

내 두 눈으로 똑똑히 목격했다니까!

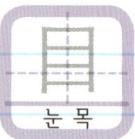

눈 목 / 부딪칠 격

허상은 실제로 없는 것이 있는 것처럼 보이거나 실제와 다르게 보이는 모습을 뜻해.

보이는 그대로의 세상이 실제 모습이 아닐 수도 있어. 그래서 실상과 허상이라는 말이 있지. <u>실상</u>은 겉모양을 떨쳐 버린 진실한 모습을 비유적으로 이르는 말이야.

흠, 어휘천재인 나는 실상일까, 허상일까?

명시는 내용이나 뜻을 분명하게 드러내 보임을 말해. 주로 문서나 법, 규정 등에 확실히 밝힌다는 뜻으로 써. <u>독도는 한국 땅이라고 명시된 옛 문서 발견</u>과 같이 말이야.

<u>암시</u>는 직접 드러나지 않게 가만히 알리는 행위나 내용을 말해. 자기의 의견이나 생각을 겉으로 드러내지 않는 것을 <u>암묵적</u>이라고 하지.

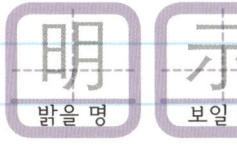

착시 는 착각해서 잘못 보는 현상을 뜻하는 말이야.

제주도에는 오르막길에 세워 둔 자동차가 위로 올라가는 '신비의 도로'가 있어. 그러나 실제로는 시각적인 착각 현상, 즉 착시 때문에 그렇게 보일 뿐이야. 오르막길처럼 보이지만 내리막길인 거지.

↑ 도깨비도로라고도 불러!

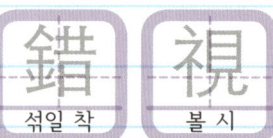

錯 섞일 착   視 볼 시

함께 알아 두기

✓ **착각** 어떤 사물이나 사실을 실제와 다르게 잘못 생각하거나 느낌.
→ 늦어서 미안해. 내가 약속 시간을 착각했어.

✓ **환상** 현실적인 기초나 가능성이 없는 헛된 생각.
→ 네 꿈은 이루어질 수 없는 환상일 뿐이야.

✓ **마비** 신경이나 근육에 이상이 생겨 몸의 일부나 전체가 감각이 없고 움직이지 못하는 상태. 비유적으로는 어떤 일에 문제가 생겨 제 기능을 하지 못하는 것.
→ 가위에 눌리면 온몸이 마비된 것처럼 꼼짝할 수가 없어.

1~3. 다음 보기에서 알맞은 말을 찾아 써 보자.

<보기> • 목격   • 목격자   • 목격담

1. 미진이는 등굣길에 교통사고를 두 눈으로 _____ 했어.
2. _____가 되었으니 경찰에게 상황을 설명해 주고 오느라 늦었대.
3. 반 친구들에게 자신의 _____을 들려주느라 바빴지.

4. 다음 그림을 보고 빈칸에 알맞은 말을 써 보자.

⟵——⟶   ⟩——⟨

두 선의 길이가 같은데 다른 것처럼 보이는 현상을 _____라고 불러.

5. 다음 보기에서 설명하는 말을 골라 보자.

<보기> 실제로 없는 것이 있는 것처럼 보이거나 실제와 다르게 보이는 모습

① 명시   ② 환각   ③ 착각   ④ 허상

6. 다음 빈칸에 알맞은 말을 써 보자.

(1) _____는 내용이나 뜻을 분명하게 드러내 보이는 것이고,

(2) _____는 직접 드러나지 않게 가만히 알리는 행위다.

정답

1. 미진이는 등굣길에 교통사고를 두 눈으로 **목격**했어.

2. **목격자**가 되었으니 경찰에게 상황을 설명해 주고 오느라 늦었대.

3. 반 친구들에게 자신의 **목격담**을 들려주느라 바빴지.

4. 탁시

5. ④

6. (1) **명시**는 내용이나 뜻을 분명하게 드러내 보이는 것이고,

   (2) **암시**는 직접 드러나지 않게 가만히 알리는 행위다.

비법노트 **20**장

악취 때문에 숨을 쉴 수가 없어

냄새와 관련된 어휘를 배울 차례야.
악취보다는 향기를 풍기는 사람이 되다고!

저는 냄새에 민감해서 고기 **누린내**가 살짝 나기만 해도
잘 못 먹어요.
역하게 느껴져서 냄새가 올라오면 저절로 고개를 돌리게 되지요.
쓰레기가 썩어 가는 **퀴퀴한** 냄새도 싫어해요.
악취라면 질색인 제게도 좋아하는 냄새는 있어요.
바로 갓난아이의 **젖비린내**예요.

누린내

누린내는 짐승의 고기에서 나는 기름기의 조금 역겹고 메스꺼운 냄새를 뜻하는 말이야.

> 내는 다른 말 뒤나 합성어에 쓰여서 <mark>냄새라는 뜻</mark>이 돼. **구린내**, **군내**, **단내**, **땀내** 등이 좋은 예야. 군내는 원래의 맛이 변해 나는 좋지 않은 냄새를 말해.

> 집+안 → **집안**, 돌+다리 → **돌다리**처럼 뜻을 가진 가장 작은 단어가 두 개 이상 붙어서 만들어진 단어를 **합성어**라고 해.

악취

악취는 말 그대로 나쁜 냄새라는 뜻이야. 한여름에 나는 음식물 쓰레기 냄새를 떠올려 봐!

> 취는 냄새를 뜻하는 한자야. **향취**는 좋은 느낌을 주는 냄새를 뜻하고, **구취**는 입에서 나는 냄새를, **탈취**는 냄새 제거를 뜻하는 말이야. **탈취제**라는 말, 많이 들어 봤지?

윽, 내가 맡아 본 최악의 냄새야!

악할 악

냄새 취

역하다
는 토할 것처럼 속이 울렁거린다는 뜻이야. 마음에 들지 않아 기분이 나쁘고 싫다는 뜻으로도 쓰이지.

위에서 설명한 역하다는 형용사로 쓰였을 때의 뜻이야. 역하다가 동사로 쓰일 때는 **거역하다 또는 배반하다**의 뜻으로 쓰여.

역-逆은 거스르다라는 뜻을 지닌 한자야. 반대되는 또는 차례나 방법이 뒤바뀜의 뜻을 더하는 접두사로 쓰이기도 해. **역방향**, **역효과**처럼 말이야.

퀴퀴하다
는 상하고 찌들어 비위에 거슬릴 정도로 냄새가 구리다는 뜻이야.

퀴퀴하다보다 느낌이 작은 말로는 **쾨쾨하다**가 있어. '아'나 '오'와 같은 모음은 '어'나 '우'와 같은 모음보다 밝고 작고 가벼운 느낌이 나!

> 비위의 뜻은 앞에서도 배웠지? 기억이 안 나면 66쪽으로 돌아가 복습!

자음과 모음이 뭔지는 알지? **자음**은 목, 입, 혀 등의 발음기관에 장애를 받으며 나는 소리고, **모음**은 사람이 목청을 울려 내는 소리로, 공기의 흐름이 방해를 받지 않고 나는 소리야. 'ㄱ,ㄴ,ㄷ,ㄹ,ㅁ' 등이 자음이고, 'ㅏ,ㅑ,ㅓ,ㅕ' 등이 모음이야.

젖비린내

젖비린내는 젖에서 풍기는 비릿한 냄새라는 뜻이야. 비유적으로 유치한 느낌을 이야기할 때 쓰기도 해. 비슷한말로는 **젖내**가 있어.

어리다고 놀리지 말아요~

비린내는 물고기나 동물의 피 등에서 나는 코를 찌르는 느낌의 역겹고 메스꺼운 냄새야. 물에서 나면 **물비린내**, 피에서 나면 **피비린내**라고 해.

함께 알아 두기

✓ **향료** 향기를 내는 데 쓰는 재료.
→ 쌀국수에 고수 넣었어? 난 이 **향료** 싫어한단 말야!

✓ **무색무취** 아무런 빛깔과 냄새가 없음. 허물이 없이 깨끗함을 비유적으로 이르는 말.
→ 말도 안돼! 꽃이 어떻게 **무색무취**할 수 있지?

✓ **체취** 몸에서 나는 냄새. 어떤 사람이나 작품에서 풍겨 나오는 독특한 느낌.
→ 체육 시간이 끝나면 교실은 반 아이들의 **체취**로 가득 차.

1. 다음 중 말의 쓰임이 다른 것을 골라 보자.

① 생선 비린내가 역해서 숨 쉬기조차 힘들었어.

② 공부하라는 부모님의 뜻을 역해서 운동을 하기로 선택했어.

③ 어제 산 고기에서 벌써 역한 냄새가 나.

④ 역한 냄새에 토할 뻔했어.

2~5. 말과 뜻을 바르게 연결해 보자.

2. 구취 • • 나쁜 냄새
3. 향취 • • 입에서 나는 구린내
4. 악취 • • 짐승의 고기에서 나는 냄새
5. 누린내 • • 좋은 느낌을 주는 냄새

6. 다음 표의 빈칸에 알맞은 말을 써 보자.

느낌이 큰 말	느낌이 작은 말
누렇다	노랗다
물렁물렁	말랑말랑
퀴퀴하다	

 정답

1. ②

2. 구취 — 입에서 나는 구린내
3. 향취 — 좋은 느낌을 주는 냄새
4. 악취 — 나쁜 냄새
5. 누린내 — 짐승의 고기에서 나는 냄새

6. 괴괴하다

외모와 몸집

자태, 품위, 면모, 외양, 해사하다,
맵시, 단장, 인상착의, 세련되다, 단정하다,
체구, 풍채, 신상, 아담하다, 가냘프다,
산발, 만신창이, 초췌하다, 흉악하다, 적나라하다

비법노트 **21**장

한복은 품위가 느껴지는 옷이야

사람의 외모와 관련된 어휘를 공부할 차례야.
외양이 아니라 내면이 중요하다는 걸 잊으면 안 돼!

며칠 전, 식당에서 **외양**이 아름답기로 유명한 영화배우를 보았어요.
실제로 보니 빼어난 **면모**에 반하지 않을 수 없겠더라고요.
게다가 **자태**도 뛰어났어요.
사람들과 이야기를 나누는 모습에서는 **품위**가 넘쳤지요.
그가 **해사하게** 웃는 모습에 식당 전체가 밝아지는 것 같았어요.

자태는 어떤 모습이나 모양을 뜻하는 말로, 주로 여성의 고운 맵시나 태도를 가리켜.

북한산의 웅장한 자태와 같이 산, 강, 건축물, 식물 등의 보기 좋은 모습이나 모양을 사람에 비유해서 말하기도 해.

사물을 사람에 빗대서 표현하는 경우가 종종 있어. 이런 걸 의인화 또는 인격화라고 해.

맵시 자

모양 태

품위는 사람이 갖추어야 할 위엄이나 기품을 뜻하기도 하고, 사물이 지닌 고상하고 격이 높은 느낌을 뜻하기도 해.

위엄은 점잖고 의젓한 태도를 말하고, 기품은 사람의 성격에서 드러나는 수준 높은 품위를 말하지.

공무원에게는 여섯 가지 의무가 있는데, 그중에 품위 유지 의무가 있대. 이 의무를 어기면 무거운 처벌을 받는대.

물건 품

자리 위

면모는 얼굴의 모양을 뜻하기도 하고, 사람이나 사물의 상태나 됨됨이를 뜻하기도 해. 비슷한말로 면목이라고도 해.

일도 잘하고 성격도 참 좋아^^

됨됨이는 어떠한 사람의 행동과 성격, 인격, 성품을 뜻하기도 하고, 사물의 드러난 모양이나 특성을 뜻하기도 해.

어휘를 소리 나는 대로 쓰는 실수를 많이들 해. **됨되미**로 읽지만 쓸 때는 됨됨이라고 써야 해!

낯 면

모양 모

외양은 겉으로 드러나 보이는 모양을 뜻해. 비슷한말로 **겉모양, 겉모습**이 있어.

겉은 안팎이 있는 물건에서 물건의 바깥쪽 부분을 뜻하는 말이야. 그렇다면 반대말은 뭘까? 맞아, **속**이야!

외양과 달리 겉으로 잘 드러나지 않는 사람의 정신이나 마음속을 **내면**이라고 해.

바깥 외

모양 양

해사하다

해사하다는 얼굴이 희고 곱다, 표정이나 웃음소리 등이 맑고 깨끗하다, 온차림 등이 말끔하고 깨끗하다는 뜻의 형용사야.

> **화사하다, 화려하다, 미려하다, 청아하다** 등 아름다움을 표현하는 말은 탐 많아. 무언가를 바라볼 때 어떤 면이 아름다운지 자세히 들여다봐.

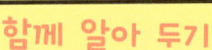
칭찬은 고래도 춤추게 해~

함께 알아 두기

✓ **고상하다** 품위나 몸가짐이 속되지 않다. 행동, 취미 등의 수준이 높고 품위가 있다.
→ 고상한 말씨를 쓰도록 해.

✓ **수려하다** 빼어나게 아름답다.
→ 이목구비가 수려해서인지 어디에서든 눈에 잘 띄어.

✓ **정갈하다** 보기에 깨끗하고 깔끔하다.
→ 제사를 지낼 때는 몸가짐을 정갈하게 해야 해.

퀴즈

1~4. 서로 어울리는 말끼리 연결해 보자.

1. 해사한 •   • 말씨
2. 웅장한 •   • 몸가짐
3. 고상한 •   • 얼굴
4. 정갈한 •   • 자태

5~7. 다음 설명을 참고해 빈칸에 알맞은 말을 써 보자.

5. 어떠한 사람의 행동과 성격, 인격, 성품
   • 선영이의 _____는 친구를 대하는 모습에서 알 수 있어.
6. 사람이 갖추어야 할 위엄이나 기품
   • 공무원의 의무 중에는 _____ 유지 의무가 있어.
7. 겉으로 잘 드러나지 않는 사람의 정신이나 마음속
   • 겉모습보다 _____이 아름다운 사람이 되어야 해.

8~9. 다음 설명하는 말과 비슷한말을 써 보자.

8. 겉으로 드러나 보이는 모양 → _____
9. 얼굴의 모양, 사람이나 사물의 상태나 됨됨이 → _____

정답

1. 해사한 — 얼굴
2. 웅장한 — 자태
3. 고상한 — 말씨
4. 정갈한 — 몸가짐

5. 선영이의 진짜 **됨됨이**는 친구를 대하는 모습에서 알 수 있어.

6. 공무원의 의무 중에는 **품위** 유지 의무가 있어.

7. 겉모습보다 **내면**이 아름다운 사람이 되어야 해.

8. 겉모양 또는 겉모습

9. 면모 또는 면목

비법노트 **22**장

범인의 인상착의를 말해 줄래?

우리의 모습과 관련된 어휘를 계속 배워 볼 거야.
외모를 다른 말로 뭐라고 할 수 있을까?
21장에서 배웠잖아! **외양**!

한복은 사람을 **맵시** 있게 만들어 주는 것 같아요.
고모가 얼마 전, 할머니의 80세 생일잔치에서 한복을 입었거든요.
색과 디자인이 무척 **세련된** 한복이었어요.
인상착의가 완전히 달라 보였어요.
곱게 **단장**까지 하고 나니 몰라볼 정도였지요.
단정해 보일 뿐만 아니라 우아하기까지 했어요.

맵시는 아름답고 보기 좋은 모양을 뜻해.
비슷한말로 **태**를 쓰기도 해.

> **옷맵시**는 차려입은 옷이 어울리는 모양새 또는 옷이 보기 좋게 생긴 모양을 뜻하는 말이야.

> 멋과 맵시의 차이는 뭘까? **멋**은 차림새, 행동, 됨됨이 등 겉모습뿐 아니라 정신적 아름다움까지 포함하는 말이야. 맵시는 주로 겉모습의 아름다움을 나타내는 말이지.

단장은 얼굴이나 머리, 옷차림 등을 예쁘게 꾸민다는 뜻이야.
비슷한말로 **화장**이 있어. 건물이나 시설 등을 손질해 꾸밀 때도 단장이라는 말을 써.

> **몸단장**과 **몸치장**은 옷, 화장, 액세서리 등으로 몸을 보기 좋게 꾸민다는 뜻을 가지고 있어.

> **야구단, 대표단**처럼 한자 **단**團이 붙은 단체의 우두머리를 **단장**團長이라고 해. 꾸민다는 뜻의 단장과 한자가 다른 동음이의어지.

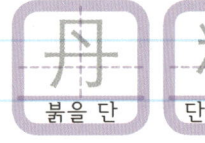

丹 붉을 단 　 粧 단장할 장

인상착의는 사람의 생김새와 옷차림을 뜻하는 말이야.

범죄 수사를 할 때 목격자들이 본 범인의 인상착의에 대한 증언을 바탕으로 **몽타주**를 만들어. 범인의 특징을 잡아 그리기도 하고, 여러 사진에서 비슷한 눈, 코, 입 등을 따서 얼굴 사진을 만들기도 하지.

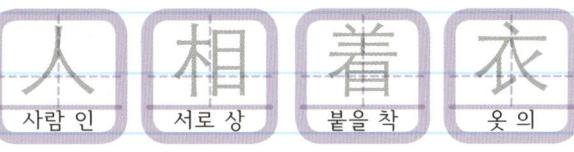

人 사람 인 　相 서로 상 　着 붙을 착 　衣 옷 의

세련되다는 모습이나 인격 등이 우아하고 품위가 있다는 뜻이야. 말이나 글, 행동 등이 서투르거나 어색하지 않고 훌륭하고 능숙하다는 뜻도 있지.

세련미는 사물이 세련된 데서 느껴지는 맛을 뜻하는 말이야. 세련미가 넘치다, 세련미를 갖추다와 같이 쓰여.

 씻을 세　 익힐 련

단정하다 는 겉모습이 깔끔하거나 태도가 얌전하고 바르다는 뜻이야.

동음이의어 **단정**斷定**하다**는 어떤 일에 대해 확실하다고 판단하고 결정한다는 뜻이야. 네 마음대로 단정 짓지 마 와 같이 쓰이지.

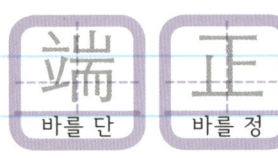

端 바를 단   正 바를 정

함께 알아 두기

✓ **말쑥하다** 말끔하고 깨끗하다. 단정하고 세련되다.
→ 말쑥한 차림을 하고 어디 가니?

✓ **수수하다** 물건의 품질이나 겉모양, 또는 사람의 옷차림 등이 돋보이거나 화려하지 않고 평범하면서도 검소하다.
→ 수수한 옷차림인 것 같지만 알고 보면 비싼 옷이야.

✓ **호화롭다** 사치스럽고 화려한 느낌이 있다.
→ 결혼식이 너무 호화로운 거 아니야?

1~3. 다음 설명이 가리키는 말을 써 보자.

1. 사람의 생김새와 옷차림 → _____
2. 사물이 세련된 데서 느껴지는 맛 → _____
3. 차려입은 옷이 어울리는 모양새 → _____

4~5. 다음 문장에 알맞은 말을 골라 보자.

4. 우리 집 앞 슈퍼마켓은 이번에 내로 <u>단장 / 단정</u>했어.
5. 부모님은 나와 동생이 싸우면 항상 내 잘못으로 <u>단장 / 단정</u>하셔.

6~8. 다음 물음에 답해 보자.

6. 다음 중 '단'의 뜻이 다른 말을 골라 보자.
   ① 몸단장   ② 야구단   ③ 대표단   ④ 선수단

7. 다음 빈칸에 들어갈 알맞은 말을 골라 보자.
   그는 늘 절약하며 살아서 옷차림이 _____.
   ① 말쑥해   ② 누추해   ③ 세련돼   ④ 호화로워

8. 밑줄 친 말과 바꿔 쓸 수 있는 말을 써 보자.
   어떤 옷을 입어도 <u>맵시</u>가 나는 사람이 있어.

151

정답

1. 인상착의

2. 세련미

3. 온맵시

4. 우리 집 앞 슈퍼마켓은 이번에 새로 **단장**했어.

5. 부모님은 나와 동생이 싸우면 항상 내 잘못으로 **단정**하셔.

6. ①

7. ②

8. 태

비법노트 23장

체구는 큰데 왜 그리 겁이 많아?

몸집과 관련된 어휘를 배울 차례야.
야무지게 따라와!

> P와 J는 단짝 개그맨이어서 텔레비전에 늘 함께 출연해요.
> 두 사람은 **체구**가 완전 반대예요.
> P는 키가 작고 **아담해요**.
> 반면 J는 키가 크고 **가냘퍼요**.
> **풍채**가 다르니까 같이 등장하는 것만으로도 웃게 만들어요.
> 두 사람은 워낙 친해서 서로의 **신상**에 대해 모르는 것이 없어요.

체구는 몸의 크기나 부피를 뜻하는 말이야. 비슷한말로 **몸집**, **덩치**라고도 해.

체구를 나타내는 말에는 **왜소하다**, 몸이 튼튼하고 기운이 세다는 뜻의 **건장하다**, 몸이 둔하고 튼튼하다는 뜻의 **육중하다**, 몸이 크고 튼튼하다는 뜻의 **우람하다**, 생김새가 빈특 없게 속이 꽉 차 있다는 뜻의 **다부지다** 등이 있어.

풍채는 사람의 체격이나 드러나 보이는 사람의 겉모양을 뜻해.

주로 **풍채가 좋다**, **풍채가 의젓하다**와 같이 표현해. 풍은 바람이라는 뜻 외에 모습이라는 뜻도 있어. **위풍당당**은 풍채가 위엄이 있어 당당하다는 뜻이야.

항상 위풍당당하고 정정당당하게!

신상은 한 사람의 몸이나 처신 또는 그 사람의 개인적인 사정이나 형편을 뜻하는 말이야.

처신은 세상을 살아가는 데 가져야 할 몸가짐이나 행동을 뜻하지.

회사 업무와 관련된 일, 혹은 공공기관을 통해 민원을 처리할 때 신상명세서가 필요해. **신상명세서**는 개인의 경력과 상황을 자세하게 적은 문서를 말해.

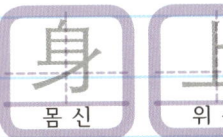

아담하다는 고상하면서 담백하다는 뜻이야. 하지만 보기 좋게 자그마한 경우를 뜻하는 말로 주로 쓰여.

담백하다는 욕심이 없고 마음이 순수하고 솔직하다, 음식의 맛이나 빛깔이 산뜻하다는 뜻이야.

오늘 급식에 나온 국은 너무 담백해서 맛을 모르겠어.

가냘프다는 몸, 팔, 다리 등이 가늘고 연약하다는 뜻이야. 소리가 가늘고 약할 때도 가냘프다를 써. 비슷한말로 가녀리다가 있어.

고달프다, 뼈아프다, 배고프다, 어설프다 등 -프다로 끝나는 말은 모두 형용사야!

방언은 사투리야! 이 정도는 알지?

가냘쁘다, 가냘푸다는 모두 **방언**이야. 표준어는 가냘프다니까 꼭 기억해!

함께 알아 두기

✓ **야무지다** 사람의 생김새나 성격 등이 단단하고 빈틈이 없다.
→ 우리 반장은 야무진 일 처리로 선생님들 사이에서 소문이 자자해.

✓ **훤칠하다** 길고 훤하고 깨끗하다. 가려지거나 막힌 것이 없이 깨끗하고 시원스럽다.
→ 키가 훤칠한 윤재는 모델이 꿈이래.

✓ **왜소하다** 몸집이 작다.
→ 왜소하면 좀 어때? 작은 고추가 맵다고들 하잖아!

퀴즈

1~2. 다음 문장이 가리키는 말을 골라 보자.

1. 음악 소리가 가늘고 약해서 잘 들리지 않아.
   ① 고달프다   ② 가냘프다   ③ 뼈아프다   ④ 어설프다

2. 내 방은 적당하게 작은 크기야.
   ① 아담하다   ② 야무지다   ③ 우람하다   ④ 훤칠하다

3~5. 다음 보기에서 알맞은 말을 찾아 써 보자.

<보기> • 신상   • 풍채   • 덩치

3. 윤제는 자신보다 _____가 훨씬 큰 친구에게도 기죽지 않아.
4. 신랑이 늠름한 _____를 뽐내며 신부 쪽으로 걸어왔어.
5. 형사인 아빠는 늘 범죄자로부터 _____에 위협을 느끼신대.

6~7. 다음 물음에 답해 보자.

6. '체구'를 나타내는 말을 세 개 이상 써 보자.
7. 다음 보기와 같은 내용을 적은 문서를 무엇이라고 부를까?

<보기> • 이름   • 주소   • 주민등록번호   • 경력

정답

1. ②

2. ①

3. 윤재는 자신보다 <u>덩치</u>가 훨씬 큰 친구에게도 기죽지 않아.

4. 신랑이 늠름한 <u>풍채</u>를 뽐내며 신부 쪽으로 걸어왔어.

5. 형사인 아빠는 늘 범죄자로부터 <u>신상</u>에 위협을 느끼신대.

6. 왜소하다, 건장하다, 다부지다, 우람하다, 육중하다

7. 신상명세서

비법노트 **24**장

너의 악행이 적나라하게 드러났어

외모와 관련한 어휘를 배우는 마지막 시간이야!
어, 네 얼굴이 좀 **초췌해** 보이는걸?

산발을 한 사극 속 주인공이 누군가로부터 도망치고 있었어요.
과거를 보러 가던 중에 **흉악한** 산적을 만나 죽을 뻔했던 거였어요.
몸 여기저기에는 상처가 나 **만신창이**였지요.
초췌한 모습을 보니 저절로 불쌍한 마음이 들더라고요.
간신히 숨을 곳을 찾은 그의 얼굴에는 고통이 **적나라하게** 드러났어요.

산발은 머리를 풀어 헤침 또는 그 머리를 뜻하는 말이야. 빗지 않은 지저분한 머리를 풀어 헤치고 돌아다니면 사람들이 이상하게 볼지도 몰라.

산발적으로 소나기가 내린다라고 할 때 산발은 머리를 풀어 헤친다는 뜻이 아니야. 이때 산발散發은 때때로 일어난다는 뜻의 동음이의어야.

흩을 산

터럭 발

만신창이는 온몸이 상처투성이가 된 걸 뜻하는 말이야. 비유적으로 일이 아주 엉망이 되었을 때를 뜻하기도 하지.

창이는 칼과 같은 무기에 다친 상처를 말해. 그러니까 만신창이는 온몸이 칼이나 창 등의 날에 베이거나 찔린 상처투성이라서 어떻게 해 볼 수조차 없는 상태가 되었다는 뜻이야.

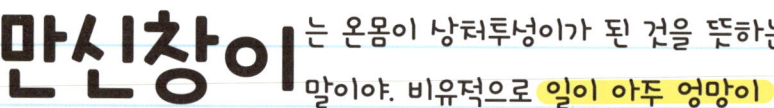

이번 국어 시험 결과는 만신창이가 되지 않겠지?

찰 만

몸 신

부스럼 창

상처 이

초췌하다
는 고생을 하거나 병에 걸려서 살이 빠지고 얼굴에 핏기가 없다는 뜻이야.

얼굴에 핏기가 없는 사람을 표현할 때 쓰는 또 다른 형용사는 **파리하다**야. 몸이 마르고 얼굴이나 피부에 핏기가 전혀 없다는 뜻이지.

> 초췌하다를 초최하다, 초체하다, 초치하다 등으로 쓰지 않도록 조심해.

파리할 초 / 파리할 췌

흉악하다
는 성질이 악하고 사납다는 뜻과 보기에 기분이 나쁠 만큼 흉하고 거칠다는 뜻이 있어. 일 등이 아주 나쁘거나 궂을 때, 운이 매우 사납거나 불길할 때도 써.

길흉이라는 말이 있어. 운의 좋고 나쁨을 뜻하는 말이지. 길吉은 운이 좋다는 뜻이고, 흉凶은 운이 나쁘다는 뜻이야.

> 그럼 경사스러움과 불행함을 뜻하는 말은 뭘까? 바로 **경조**야. 경慶은 결혼식처럼 경사스러운 일, 조弔는 장례식처럼 불행한 일을 뜻해.

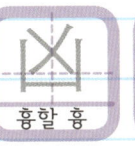 
흉할 흉 / 악할 악

적나라하다는 몸에 아무것도 입지 아니하고 발가벗는다는 뜻이야. 있는 그대로 다 드러내어 숨김이 없다는 뜻으로도 쓰이지.

적나라하다의 '나라'는 같은 한자인데 왜 앞은 '나'로, 뒤는 '라'로 적는 걸까? 한자어의 경우, 반복되는 두 음절의 **첫 번째 음절은 두음법칙에 따라 적고, 두 번째 음절은 본음대로** 적는 것이 맞춤법의 원칙이야. 열렬하다처럼 말이지. 하지만 유유상종, 누누이는 발음을 중요히 여겨 같은 음절로 발음하는 것을 인정해 두고 있어.

붉을 적

벌거벗을 나

벌거벗을 라

아, 맞춤법은 넘 어려워!

함께 알아 두기

✓ **흉물스럽다** 모양이 흉하고 보기 싫게 생긴 데가 있다.
→ 광장에 새로 세운 동상은 흉물스러워서 보기 싫어.

✓ **꾀죄죄하다** 모습이 지저분하고 초라하다.
→ 머리는 산발이고, 얼굴은 너무 꾀죄죄해.

✓ **천하다** 사회적 위치나 신분 등이 낮다.
→ 우리 엄마는 늘 세상에 천한 직업은 없다고 하셨어.

퀴즈

1~4. 연결된 뜻을 보고 빈칸에 알맞은 말을 써 보자.

1. _____ •   • 사회적 위치나 신분이 낮다
2. _____ •   • 모습이 지저분하고 초라하다
3. _____ •   • 얼굴이나 피부에 핏기가 전혀 없다
4. _____ •   • 온몸이 상처투성이가 된 것

5~6. 다음 밑줄 친 말을 바르게 고쳐 보자.

5. 독감을 앓고 났더니 얼굴이 너무 <u>초최해</u>.
6. 내 등에는 어릴 때 생긴 상처가 <u>적라라하게</u> 드러나 있어.

7~8. 다음 물음에 답해 보자.

7. 다음 중 말의 쓰임이 다른 것을 골라 보자.
   ① 흉악한 운수 ② 흉악한 소문 ③ 흉악한 얼굴 ④ 흉악한 일
8. 다음 빈칸에 공통적으로 들어가는 말을 써 보자.
   (1) 머리를 감고 안 빗었더니 _____이 되었어.
   (2) 오늘은 _____ 적으로 소나기가 내린대.

정답

1. 파리하다 — 얼굴이나 피부에 핏기가 전혀 없다
2. 만신창이 — 온몸이 상처투성이가 된 것
3. 꾀죄죄하다 — 모습이 지저분하고 초라하다
4. 천하다 — 사회적 위치나 신분이 낮다

5. 토페해

6. 적나라하게

7. ③

8. (1) 머리를 감고 안 빗었더니 산발이 되었어.

   (2) 오늘은 산발적으로 소나기가 내린대.

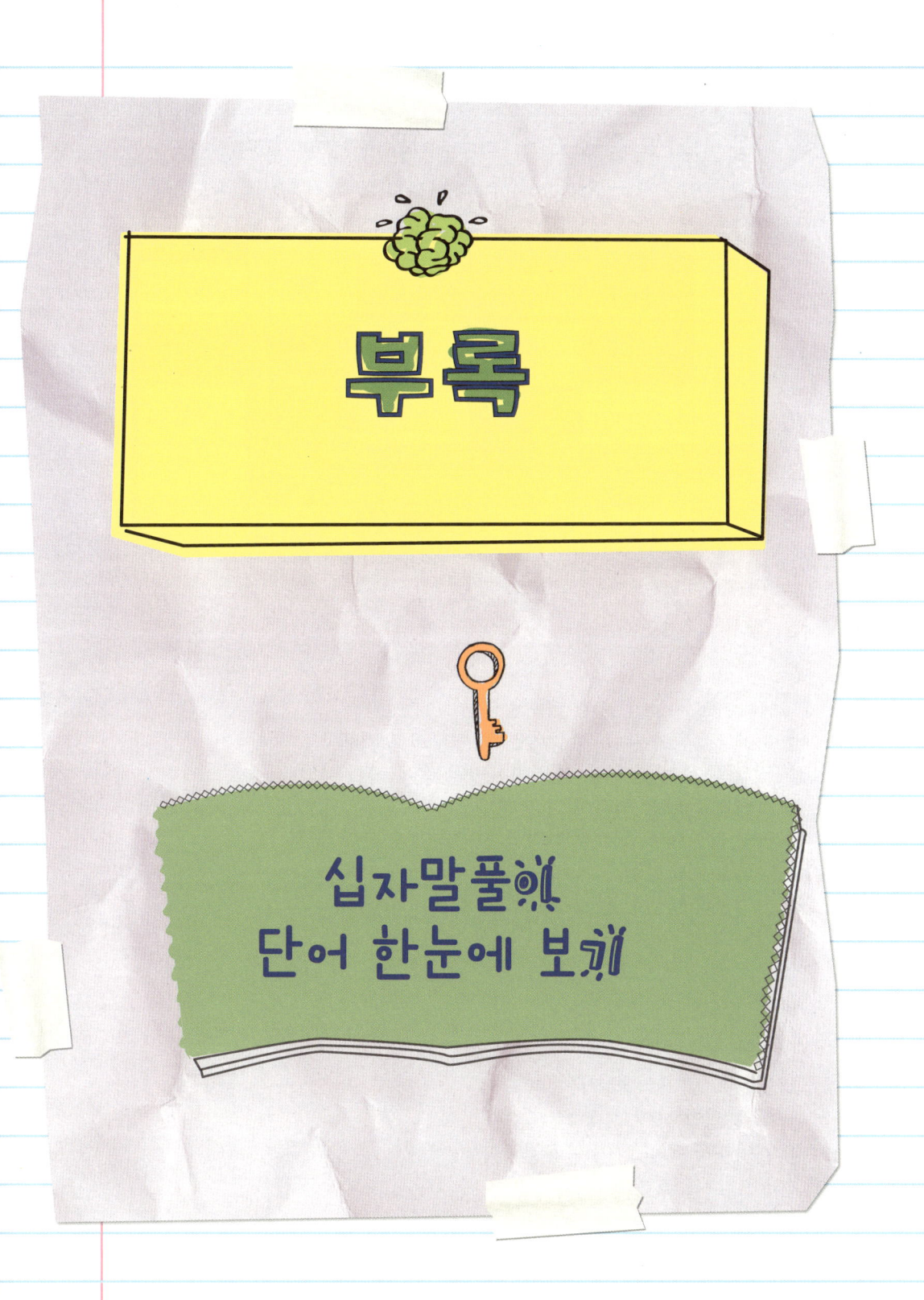

십자말풀이

✱✱ 다음 열쇠 말을 보고 십자말풀이를 완성해 보자.

<가로 열쇠>

❶ 귀와 눈. 귀와 눈을 중심으로 한 얼굴의 생김새.
❷ 조사 등을 받기 위해 경찰서나 법원 등에 직접 나감.
❸ 사람의 몸에서 허리 위의 부분.
❹ 여럿 가운데에서 가장 뛰어난 사람이나 훌륭한 물건.
❺ 면모의 비슷한말.
❻ 상반신과 하반신을 합쳐 이르는 말.
❼ 사람의 두 팔과 두 다리.

<세로 열쇠>

① 귀와 눈 사이에 맥박이 뛰는 자리.
② 머리 모양이나 생김새.
③ 두 눈썹의 사이.
④ 종아리 뒤쪽의 살이 불룩한 부분.
⑤ 눈으로 볼 수 있는 아주 가까운 곳.

✽✽ 다음 열쇠 말을 보고 십자말풀이를 완성해 보자.

<가로 열쇠>

❶ 근육의 힘이나 일을 할 수 있는 육체적인 힘.
❷ 가까이 있는 것을 잘 보지 못하는 눈.
❸ 초조한 마음속.
❹ 글에서만 쓰는 특별한 말이 아닌, 일상적인 대화에서 사람들이 쓰는 말.
❺ 일을 계획하거나 처리해 나가는 재간.
❻ 죄인의 발목에 채우던 쇠사슬.
❼ 숨김없이 모두를 있는 그대로 드러내는 것.

<세로 열쇠>

① 가까운 곳에 있는 것은 잘 보지만 먼 데 있는 것을 잘 보지 못하는 눈.
② 눈으로 찍는 도장.
③ 간과 쓸개.
④ 남과 말다툼을 하거나 남에게서 헐뜯는 말을 듣게 될 운수.
⑤ 입을 다문다는 뜻으로, 말하지 아니함을 이르는 말.
⑥ 발로 밟고 지나갈 때 남는 흔적이나 그때 나는 소리.

※ 다음 열쇠 말을 보고 십자말풀이를 완성해 보자.

<가로 열쇠>

❶ 어떤 일이 바라던 대로 되지 않아 크게 실망하는 것.
❷ 같은 핏줄로 연결된 인연.
❸ 배가 몹시 고픈 느낌.
❹ 얼굴이나 머리, 옷차림 등을 예쁘게 꾸밈.
❺ 목이 말라 물이 마시고 싶어지는 느낌.
❻ 잠을 자는 일.
❼ 사회적 위치나 신분 등이 낮다.

<세로 열쇠>

① 겁이 없고 용감한 기운.
② 피의 기운이라는 뜻으로, 힘을 쓰고 활동하게 하는 기운.
③ 마음이나 행동이 정상이 아닌 듯한 상태.
④ 의식을 잃고 인사불성이 되는 일.
⑤ 보기에 깨끗하고 깔끔하다.

※ 다음 열쇠 말을 보고 십자말풀이를 완성해 보자.

<가로 열쇠>

❶ 맛있는 음식을 먹고 난 뒤에 입에 남는 아주 좋은 느낌.
❷ 어떤 자극이 피부 감각을 통해 전해지는 느낌.
❸ 몸에서 나는 냄새.
❹ 착각하여 잘못 보는 현상.
❺ 실제로 나지 않는 소리가 마치 들리는 것처럼 느껴지는 환각 현상.
❻ 상하고 찌들어 비위에 거슬릴 정도로 냄새가 구리다.

<세로 열쇠>

① 어떤 일이 일어나기 전에 무슨 일이 생길 것 같은 느낌을 미리 느낌.
② 구미의 비슷한말.
③ 외부로부터 오는 자극을 몸으로 직접 느낌.
④ 나쁜 냄새.
⑤ 내용이나 뜻을 분명하게 드러내 보임.
⑥ 현실적인 기초나 가능성이 없는 헛된 생각.

십자말풀이 정답

정답 1

관			툴	두	
자			낭	체	
놀		백	미		
이	목		간		장
					한
	면	목		나	지
		전	신		

정답 2

	근		력			눈
원	시					도
	안			애	간	장
구			함		담	
널			구		어	
수		완			독	쇄
			노	골	적	

정답 3

낙	담			혈	연
	력		허	기	
		환			
	단	장		정	
혼				갈	등
수	면			하	
		천	하	다	

정답 4

예		입			체
감	칠	맛		톡	감
			악		
		체	취		명
		감		착	시
환	청				
상		귀	귀	하	다

단어 한눈에 보기

ㄱ

감격
거머쥐다
건망증
건장하다
겉
겉모습
겉모양
결핍
경련
경청
고달프다
고동
고막
고상하다
골격
골반
골반뼈
골절
골조
공복
공복감
관자
관자놀이
구강
구두
구두계약
구레나룻
구린내
구미
구설

구설수
구어
구체관절인형
군내
귀띔
근력
근시
근시안
급소
기절
기품
긴장
길흉
꾀죄죄하다

ㄴ

나룻
낙담
낯
낯가림
내과
내면
내장
냉혈
넌더리
넌덜머리
넓적다리
노골적
노안
노폐물

녹초
농담
누누이
누린내
눈꼬리
눈도장
눈독
눈썰미
눈앞
눈엣가시
눈짓
눈초리
늑골
늦잠

ㄷ

다부지다
단내
단맛
단잠
단장
단정
단정하다
달거리
담대
담력
담백하다
대가리
대담
대사

대장
덕담
덜미
덩치
도장
돌다리
됨됨이
두각
두개골
두발
두상
두서없다
두피
뒷덜미
등덜미
등줄기
등지다
땀내
떫은맛

매스껍다
매운맛
맥
맥박
맵시
머리맡
머리뼈
메스껍다
면모
면목
면전
명치
모발
목격
목격담
목격자
목덜미
목전
몸단장
몸서리치다
몸집
몸치장
몽타주
무색무취
무조건반사
무혈
물비린내
물질대사
미각
미간
미려하다
미우

ㄷ

마비
마음속
만신창이
말솜씨
말재주
말주변
말쑥하다
말씨름
맘속
맛깔

ㅂ

박동
반사
발자취
발재간
발치
밤잠
방정
배고프다
배설
배출
배후
백골
백미
뱃속
벌벌
복부
볼기
볼록렌즈
볼록하다
분비
분신
비린내
비위
관절
뼈마디
뼈아프다

ㅅ

사이
사지
산발
상반신
상체
샅
새
새우잠
생리
생식
선잠
선혈
섭취
성징
세련되다
세련미
소름
소스라치다
소심하다
소장
속
손가락질
손아귀
손재간
쇄골
수려하다
수면
수수하다
수완
수족
수축

시각
시야
시장
시점
식은땀
신맛
신상
신상명세서
신진대사
실상
심중
심혈
심혈관
심혈관질환
쓴맛

ㅇ

아귀
아담하다
아랫다리
아랫몸
아연실색
아킬레스건
악취
안면홍조
안면홍조증
안목
안중
알알하다
암묵적
암시

애끓다
야무지다
약골
양미간
양분
어설프다
어깻죽지
얼굴도장
역하다
열렬하다
염두
영양분
예각
예감
예지
오감
오금
오목렌즈
오목하다
오장육부
오한
오한증
옷맵시
왜소하다
외과
외양
요의
우람하다
운수
원시안
원시
월경

위엄
위장
위풍당당
윗다리
윗몸
유골
유유상종
유혈
육중하다
이목
이완
인사불성
인상착의
입담
입맛
입방아
입방정
입씨름

전신
전율
접촉
정갈하다
정강이
젖내
젖비린내
조건반사
족쇄
족적
증상
지라
진저리
진절머리
짠맛

초강력
초긴장
초능력
초리
초미
초췌하다
촉각
촉감
촉발
총명

ㅋ

콧수염
쾨쾨하다
퀴퀴하다
큰창자

ㅊ

착각
착시
창이
창자
처신
천하다
청각
청아하다
체감
체감온도
체구
체면
체취
초강대국

ㅈ

자양분
자취
자태
작은창자
장기
장딴지
장악
재간
적나라하다
전
전문가

ㅌ

탈취
탈취제
태
터럭
턱수염
통각
통틀다

ㅍ

파리하다

팽창
폐활량
품위
풋잠
풍미
풍채
피비린내
핏줄

ㅎ

하반신
하복부
하체
함구
해사하다
향료
향취
허기
허벅다리
허벅지
허상
혈기
혈안
혈연
혈연관계
혈통
호구조사
호화롭다
혼수
혼수상태
홍조
화려하다
화사하다
화술
화장
환각
환미
환상
환시
환장
환청
환후
후각
훤칠하다
흉물스럽다
흉부
흉부외과
흉악하다
힘줄

어휘천재의 비법노트 : 1단계

초판 1쇄 펴낸날 2020년 12월 1일
초판 3쇄 펴낸날 2022년 3월 18일

글 강영미·김경란·서태진·장지혜
그림 심규태
펴낸이 홍지연

편집 고영완 정아름 김선현 전희선 조어진
디자인 전나리 박태연 박해연
마케팅 강점원 최은 이희연
경영지원 정상희

펴낸곳 (주)우리학교
출판등록 제313-2009-26호(2009년 1월 5일)
주소 03992 서울시 마포구 동교로23길 32 2층
전화 02-6012-6094
팩스 02-6012-6092
홈페이지 www.woorischool.co.kr
이메일 woorischool@naver.com

ⓒ강영미·김경란·서태진·장지혜, 2020
ISBN 979-11-90337-54-0(73700)

- 책값은 뒤표지에 적혀 있습니다.
- 잘못된 책은 구입한 곳에서 바꾸어 드립니다.